A Mansão da Pedra Torta

Romance de

Antônio Carlos

Psicografado por

Vera Lúcia Marinzeck de Carvalho

A MANSÃO DA PEDRA TORTA

1ª Edição: junho/95 - 30.000 exemplares
2ª Reimpressão: outubro/95 - 10.000 exemplares
3ª Reimpressão: abril/96 - 15.000 exemplares
4ª Reimpressão: junho/97 - 15.000 exemplares
5ª Reimpressão: agosto/98 - 5.000 exemplares
6ª Reimpressão: fevereiro/99 - 5.000 exemplares

Capa:
Criação: **Flávio Machado**
Fotolito da capa: **Diarte**
Impressão: **Bartira Gráfica e Editora S/A**

133.9 Carlos, Antônio (Espírito)
A Mansão da Pedra Torta /pelo Espírito Antônio Carlos; psicografado por Vera Lúcia Marinzeck de Carvalho — São Paulo: Petit, 1995.

I S B N — 85-7253-022-3

1. Espiritismo 2. Romance mediúnico
I. Carvalho, Vera Lúcia Marinzeck de. II. Título

Índices para catálogo sistemático:

1. Romances Mediúnicos : Espiritismo 133.9

Impresso no Brasil, no verão de 1999.

A Mansão da Pedra Torta

Romance de

Antônio Carlos

Psicografado por

Vera Lúcia Marinzeck de Carvalho

petit editora

Rua Atuaí, 383 - Vila Esperança/Penha
CEP: 03646-000 - São Paulo - SP
Endereço para correspondência:
Caixa Postal 67545 - Ag. Almeida Lima
03102-970 - São Paulo - SP

www.petit.com.br
petit@petit.com.br

Outros livros psicografados pela médium

Vera Lúcia Marinzeck de Carvalho

Com o Espírito Antônio Carlos

— Reconciliação
— Cativos e Libertos
— Copos que Andam
— Filho Adotivo
— Reparando Erros
— Palco das Encarnações
— Aconteceu
— Muitos são os Chamados
— O Talismã Maldito
— Aqueles que Amam
— O Diário de Luizinho (infantil)

Com o Espírito Patrícia

— Violetas na Janela
— Vivendo no Mundo dos Espíritos
— A Casa do Escritor
— O Vôo da Gaivota

Com o Espírito Rosângela:

— Nós, os Jovens

Com o Espírito Jussara:

— Cabocla

Com espíritos diversos

— Valeu a Pena!
— Perante a Eternidade
— Deficiente Mental: Por que Fui Um?

*Dedico este livro aos meus
sobrinhos que muito amo.
Em especial a Carla Andréa
Braghini Paula
e seus filhos,
Rafael e Patrícia.
Afetos sinceros do
meu coração.*

Vera

ÍNDICE

Capítulo 1 - OEmprego 9

Capítulo 2 - A Mansão da Pedra Torta 16

Capítulo 3 - O Sonho 27

Capítulo 4 - O Salão de Baile 38

Capítulo 5 A Bandeira Branca 43

Capítulo 6 - Excursionando com Cirilo 51

Capítulo 7 - A Torre 60

Capítulo 8 - Reencarnações 72

Capítulo 9 - dr. Bernardo 87

Capítulo 10 - O Criminoso 99

Capítulo 11 - Mais um Crime 110

Capítulo 12 - Deixando a Mansão 120

Capítulo 1

O Emprego

Ana Elizabeth andava apressada, naquela hora não havia muito movimento nas ruas. Uma garoa fina e fria molhava suas roupas. Pensou aborrecida por que tinha esquecido de trazer a capa impermeável ou o guarda-chuva.

"Acho que foi a briga de mamãe com papai" – resmungou baixinho.

Entrou num bar resolvida a esperar até as duas horas e trinta minutos para subir ao escritório da dra. Janice para ver se conseguia o emprego. Acomodou-se num canto, em uma mesa; no bar estavam somente algumas pessoas. Pediu um chocolate quente, abriu o jornal e leu pela décima vez o anúncio:

"Precisa-se de moça que saiba Inglês e Francês para lecionar para uma criança."

Embaixo, os documentos necessários, o local, uma fazenda do interior do estado, e o ordenado.

"Não é muito, mas é a solução."

O garçom olhou-a sem entender, chegou mais perto e percebeu que ela falava sozinha. Ana sorriu, não conseguia perder essa mania. Desde pequena falava sozinha, quando estava preocupada falava mais ainda, não se importando com o espanto ou o riso das pessoas.

O emprego seria a solução, mas nada era perfeito. Gostava da cidade em que morava, a capital do seu estado e sentia ter que se ausentar. Mas procurava emprego há tanto tempo, sem nada ter de concreto. Não queria viver à custa de seus pais, que lhe diziam sempre que estavam juntos por sua causa. Moravam num bairro tranqüilo e gostoso, atualmente tinha poucas amigas morando perto, porque quase todas tinham se casado e foram residir longe do bairro. Desde quando era pequena seus pais brigavam muito.

Por isso, Gilson, seu único irmão, mais novo do que ela, entrou para o exército e foi residir em outra cidade. A separação de seus pais parecia inevitável e ela estava conformada. Seria bom que saísse de casa e deixasse os dois resolverem o que seria melhor para eles.

Nem Felipe lhe interessava mais. Recordou-se de Felipe, seu antigo namorado. Fazia um mês que eles tinham brigado e ele já fora visto com outra. Ana não se importava, não o amava. Nunca amara ninguém, mas certamente amaria alguém um dia.

Olhou o relógio, eram duas horas e dez minutos, suspirou. Pagou a conta e leu mais uma vez o anúncio, saiu do bar e foi para o endereço marcado.

O escritório estava aberto e uma moça, a secretária, a atendeu. Quando Ana disse que viera pelo anúncio, ela pediu para ver os documentos solicitados. Ana Elizabeth tinha se formado há alguns meses. Mostrou o diploma com orgulho, sempre fora ótima aluna. O anúncio pedia também que a candidata fosse solteira, certamente porque exigia que fosse morar no local e não poderia levar o cônjuge.

— Já são muitas as candidatas?

— Não, as que vieram não estavam com os documentos. O anúncio pede pessoa jovem, solteira, formada em Francês e Inglês. Mas os seus documentos estão corretos. Assim que a dra. Janice chegar, ela a atenderá.

Dra. Janice era uma advogada, seu escritório era bem montado e bonito. Com a precisão de um relógio suíço, às duas horas e trinta minutos, dra. Janice entrou no escritório e após cinco minutos recebeu Ana.

— Muito bem, você atende aos requisitos exigidos. Não se importa de ausentar-se daqui e ir para o interior? A mansão de dona Eleonora fica numa fazenda a quinze quilômetros de uma cidadezinha.

— Não, senhora, não me incomodo.

— Sabe, também, que o contrato é de seis meses, se voltar antes não recebe ordenado e não serão pagas as despesas de viagem?

— Li o anúncio.

— Muito bem – continuou dra. Janice. — A criança para

quem dará aula é um menino de quatorze anos e doente. Terá que ter com ele muita paciência.

— É deficiente mental?

— Um deficiente mental não iria aprender línguas, não acha, senhorita?

— Certamente – Ana respondeu, encabulada.

— Se concorda com tudo, poderá assinar o contrato. Amanhã voltará aqui para pegar a passagem de trem e saber de mais detalhes. Boa tarde.

— Boa tarde.

Ana Elizabeth assinou o contrato com a secretária e foi embora, o tempo havia melhorado. Não falou nada para seus pais do emprego que arrumara. No outro dia, lá estava no horário certo. dra. Janice lhe entregou a passagem e um papel com as instruções e esperou que Ana lesse e tirasse as dúvidas.

— Chegarei à cidade e um empregado da fazenda estará me esperando?

— Sim, é só aguardar. É uma estação tranqüila e não haverá enganos.

— Mansão da Pedra Torta! – exclamou Ana. – Que nome estranho, pedras têm formatos, normalmente são tortas.

dra. Janice pela primeira vez sorriu.

— Logo verá o porquê deste nome. Há no jardim, na frente da mansão, uma bonita pedra que é toda torta ou curva, formando quase um "S", por isso o nome da mansão. Boa-tarde e boa viagem. Gostará de lá e do trabalho.

Dra. Janice levantou-se da cadeira e estendeu a mão a Ana, despedindo-se. A jovem professora levantou-se rápido e saiu.

Enquanto caminhava pelas ruas, foi pensando: "Outono de 1955, eu, Ana Elizabeth, empregada, saio de casa e vou para longe".

Ao chegar em casa não havia ninguém. Aproveitou para escrever ao irmão dando-lhe a boa notícia e seu novo e temporário endereço. Despediu-se das amigas com bilhetes, que colocaria no correio no dia seguinte logo cedo. Começou a arrumar suas malas, não levaria muita coisa, mas não poderia esquecer seus livros didáticos.

Sua mãe chegou e ela de forma simples contou a novidade.

— Que é isto? – falou a mãe de Ana, indignada. — Ir para longe? Nem sabe ao certo o que irá fazer? Isto nunca! Você não vai!

— Vou e vou! – retrucou Ana, alterada. — A senhora e o papai não estão sempre dizendo que se aturam por minha causa? Já se aturaram demais e sou eu quem não agüenta mais estas brigas. Já sou maior, formei-me e é justo trabalhar e me sustentar não atrapalhando mais os senhores.

O pai chegou no meio da discussão e como sempre seus pais esqueceram dela e começaram a brigar. Ana gritou e bateu os pés no chão com força, os dois pararam e ela falou convicta:

— Está decidido, eu vou, já assinei o contrato. Saio de casa e os senhores façam o que quiserem. Não atrapalho mais. Parto amanhã às dez horas. Nem os quero na estação.

Entrou no seu quarto, deixando-os brigar. No dia seguinte, cedinho, ao sair do quarto encontrou a mãe, que lhe preparava o café. Tomou seu desjejum em silêncio.

— Mamãe, não se preocupe comigo. Estou feliz em ir, estarei bem lá. É um emprego como outro qualquer. O que ganhar será livre, não terei despesas. Darei aulas a uma pessoa somente, uma criança.

A mãe de Ana chorou, mas enxugou as lágrimas logo que viu o marido entrar na cozinha. Ana abraçou os dois, pegou suas malas e saiu apressada, embora ainda faltasse muito para o horário de embarque. Ao fechar o portão do pequeno jardim, escutou a discussão dos pais e andou depressa. Quis chorar, mas animou-se, longe das brigas viveria melhor.

Passou pelo correio, que era perto de sua casa, e colocou as cartas. Depois pegou uma charrete de aluguel e foi para a estação. Chegou bem antes do horário, perguntou três vezes pelo trem, até que este chegou e tomou seu lugar. O tempo estava frio, chovendo, e tudo indicava que o inverno seria rigoroso aquele ano. Foi prestando atenção à paisagem, sempre gostou de olhar a natureza. A viagem foi tranqüila, viajou por seis horas e chegou ao seu destino.

Desceu do trem e não viu ninguém que a estava esperando. Colocou suas malas, duas grandes e uma pequena, num banco, e foi até o outro lado, na frente da estação, ver se alguém a procurava. Só avistou duas charretes de aluguel. O tempo estava frio, não chovia, mas estava nublado. Um menino de uns treze anos aproximou-se de Ana e indagou:

— A senhora quer que a leve a algum lugar?

— Não, por enquanto não, espero alguém que me levará à Mansão da Pedra Torta.

— A senhora vai à Mansão da Pedra Torta? Que coragem! Vai a passeio?

— Não, vou trabalhar – Ana respondeu, toda orgulhosa.

— Contaram para a senhora que a mansão é assombrada e...

— Zezé... Não incomode a senhora com conversa boba. Venha cá! – gritou um homem de forma enérgica.

O garoto saiu correndo. Ana ainda quis indagar o menino sobre o fato de ele ter falado que a mansão era assombrada, deu até uns passos para ir atrás dele, mas não houve mais tempo. Escutou alguém falar atrás dela:

— Senhorita Ana Elizabeth?

— Sim.

— Por aqui, por favor, dona Eleonora a espera.

Pegaram as malas, ela, a pequena, e ele, as duas grandes.

Seguiu o homem, que, abrigado numa capa preta com capuz, mal deixava ver o rosto, que parecia tentar esconder. Mancava de uma perna e andou à sua frente. Começou a cair uma garoa fina e o vento estava forte e frio. Andaram poucos metros e o homem parou perto de um automóvel novo e moderno. Ele abriu o porta-malas e colocou a bagagem, após, abriu a porta de trás e Ana se acomodou e ficou quieta.

— Dentro de vinte minutos chegaremos, senhorita. Sou empregado da mansão.

Ana suspirou e tranqüilizou-se, o pobre homem só se abrigava da chuva e do vento em sua capa. A paisagem parecia bonita, pelo menos foi o que ela deduziu, já que não dava para ver muito, pois a chuva engrossara.

O percurso lhe pareceu pequeno. O carro entrou pelo jardim e Ana pôde notar que este era bem cuidado e com muitos canteiros.

No centro ela viu uma pedra de uns dois metros de altura, muito bonita, parecia realmente um "S". O carro parou em frente à varanda. O empregado desceu e abriu a porta do carro para ela, depois pegou as malas e subiu os poucos degraus. Nada falou e Ana o seguiu. Não precisaram bater na porta, esta se abriu e uma moça toda risonha e simpática lhe deu as boas-vindas.

— Boa tarde, srta. Ana Elizabeth, sou Sônia, a arrumadeira. Seu quarto está preparado. dona Eleonora não pôde vir recebê-la, pede desculpas, está indisposta, o tempo talvez... Mas, siga-me.

Sônia pegou suas malas. Quando Ana foi se despedir do seu condutor, este já havia saído. Ela, então, examinou rapidamente a sala e viu que o hall de entrada tinha duas portas que davam para duas salas, uma para visitas e outra para a qual Sônia a levou, mais simples. Mas Ana achou-a muito bonita. Num lugar de destaque, viu uma escultura dourada de um metro, cópia exata da pedra do jardim.

— Que bela escultura!

— É a pedra torta, igual à do jardim. A pedra foi achada no terreno quando a mansão foi construída há muito tempo. Colocaram-na no jardim e depois fizeram esta escultura que está na sala.

Ana seguiu Sônia pelos corredores, subiram as escadas e entraram no aposento que lhe fora reservado. Era composto de sala de vestir, banheiro, uma pequena saleta e um espaçoso quarto, com uma enorme cama de casal.

— Espero que a senhorita goste – disse a arrumadeira.

— Por favor, me chame de Ana. Mas é encantador, este quarto é quase do tamanho de minha casa.

Sônia sorriu e aconselhou:

— Aproveite para colocar seus pertences no lugar, pode tomar banho, fique à vontade; trarei o jantar às dezenove horas, mas nos outros dias deverá tomar as refeições na copa com a criadagem. Amanhã, se o tempo melhorar, poderá sair e conhecer a fazenda. Às oito horas amanhã virei buscá-la para o café, dona Eleonora quer entrevistá-la às nove horas. Se precisar de mim, puxe este cordão.

Sorriram...

— Bem – finalizou Sônia após uma pausa –, até à noite, certamente quer descansar.

Sônia saiu. Ana estava com fome, mas, envergonhada, não pediu um lanche. Tomou um banho e guardou suas roupas. Após olhou pela janela, já não enxergava nada, só pequenas luzes lá fora. Sentou-se numa grande cadeira forrada de veludo vermelho. Era romântica, vivia sonhando e ficou a pensar que talvez o seu amor estivesse por ali. Quem sabe se casaria e não voltaria mais para sua casa. Também achava que retornar para lá não daria mais, seus pais certamente se separariam e a casa seria desfeita. Quando voltasse teria que procurar um lugar para morar. Mas não queria pensar nisto agora, estava empregada por seis meses e isto deveria bastar no momento. E durante este tempo teria onde morar. E que lugar! A mansão era maravilhosa, talvez um tanto misteriosa, ou, como o menino na estação falou, assombrada. Riu, não acreditava nisto. Levantou e foi arrumar seus livros e cadernos na escrivaninha. Tudo ali estava muito limpo e o quarto era moderno, nem parecia fazer parte da construção antiga como diziam ser a mansão. Deveria ter sido tudo reformado, mas também era bem conservada. Às sete horas e três minutos, Sônia lhe trouxe o jantar numa bandeja.

— Você deve estar cansada, amanhã pego a bandeja. Boa-noite! – despediu-se e retirou-se, discreta.

Ana comeu com apetite. Teve vontade de sair e andar pela mansão, mas temeu ser indiscreta. Recolheu-se para dormir, cansada, adormeceu logo na imensa cama, para ser acordada às sete horas e trinta minutos pelo relógio despertador.

Sorriu e disse para si mesma: "Bom-dia, senhora professora! Bom-dia, Ana Elizabeth!"

Levantou-se num salto e preparou-se para a entrevista com dona Eleonora.

Capítulo 2

A Mansão da Pedra Torta

Ana vestiu uma de suas melhores roupas, um conjunto de saia e blusa azul-claro e branco. Gostou do resultado, estava elegante. Ansiosa, esperou Sônia vir buscá-la. Olhou pela janela, seu quarto ficava na ala direita do piso superior, dava vista para os fundos da mansão. Avistou um pequeno bosque e um riacho quase escondido pelas árvores e, mais adiante, uma enorme área de plantio.

O tempo estava nublado, ventava muito e estava frio lá fora. Embaixo de sua janela, ficavam umas casinhas e a estrebaria. Olhou tudo curiosa, achou muito bonito. De repente, viu um vulto que reconheceu ser o homem que fora buscá-la na estação. Estava com a mesma capa e andava rápido apesar de mancar muito. Ele puxava um bonito cavalo alazão com uma enorme malha branca no pescoço.

"Que criatura esquisita! Gostaria de ver seu rosto. Bem, se ele trabalha aqui, não faltará oportunidade" – Ana falou baixinho.

Levou um susto quando Sônia abriu a porta.

— Desculpe-me, Ana, não quis assustá-la, mas bati na porta.

— Tudo bem, é que estava distraída e nem ouvi. Estou pronta, podemos ir.

Ana seguiu Sônia, desceram as escadas, passaram pela sala e foram à copa, onde Ana tomou rápido seu desjejum. Quando acabou, chamou por Sônia.

Dona Eleonora – disse a arrumadeira – a espera no pequeno escritório ao lado do quarto dela.

Na sala havia duas escadas, uma que levava à ala direita onde estava o quarto de Ana, e a outra, à ala esquerda. As escadas ficavam uma ao lado da outra, só eram separadas por uma parede. E, para passar de uma ala para outra, era preciso descer uma escada e subir a outra. Os quartos ficavam na parte de cima. Uma grande parte da casa era sobrado. Subiram a escada que levava à ala esquerda. Ana entendeu que naquela ala ficavam os melhores quartos da mansão, ocupados por dona Eleonora e seus parentes. A decoração era bem mais luxuosa nesta parte. Os quartos de ambas as alas davam para a frente, ou seja, para o jardim, e outros para os fundos.

Como que adivinhasse seus pensamentos, Sônia lhe explicou:

— Onde está alojada é para visitas menos ilustres ou para empregados categorizados como você. Nós, os empregados, moramos nas casinhas dos fundos, que são boas e confortáveis. Atualmente, na mansão, dormem: você, dona Eleonora e Cirilo, o garoto a quem dará aulas. Às vezes, dr. Bernardo dorme aqui, mas ocupa esta ala, no quarto ao lado do garoto. Chegamos, é aqui!

Bateu na porta de um dos quartos que dava frente para o jardim e uma voz seca e firme mandou entrar.

Sônia abriu a porta e falou:

— Com licença! Esta é a srta. Ana Elizabeth.

— Bom dia, dona Eleonora! – cumprimentou Ana, encabulada.

— Bom dia! Sinta se à vontade. Espero que goste daqui. Como você já assinou o contrato com a dra. Janice, deve estar a par de seu trabalho. Tem o domingo livre, mas espero que não se ausente para longe. As aulas deverão ser dadas ao meu sobrinho Cirilo, das nove às onze horas, de francês, e das quatorze às dezesseis horas as de inglês. Cirilo está com um pequeno problema de saúde e, por enquanto, só estudará estas duas matérias. No verão ele deverá viajar e quero que aprenda estas línguas. Quero que ensine principalmente palavras usadas na medicina e como pedir alimentos, como conversar com médicos, enfermeiras e movimentar-se em hospitais. Cirilo é muito educado, mas quero recomendar que tenha paciência com ele e, na medida do possível, faça-lhe todos os gostos. Hoje à tarde o conhecerá e você deve fazer um teste para ver como está o conhecimento dele nestas línguas. As aulas deverão ser onde ele quiser, na saleta do seu quarto, na biblioteca ou no jardim de inverno. Agora pode ir, Sônia ficará encarregada de mostrar a você as dependências da casa e levá-la para conhecer meu sobrinho. Até logo.

Sônia aguardou na saleta, ficou séria e parada como uma estátua. Ana também permaneceu assim, respondeu o cumprimento com a cabeça. As duas moças saíram. Ana pensou: "dona Eleonora gosta mesmo é de um monólogo". Ficou apreensiva e desejou ardentemente que Cirilo não fosse como a tia.

— Não estranhe a dona Eleonora – disse Sônia. – Certamente não a importunará e pouco a verá, a não ser que aconteça algo que lhe desagrade. Ela é boa pessoa, todos os empregados gostam dela. Bem, você tem algumas horas livres, mas eu não. Nada impede que conheça a mansão, salvo esta parte, é claro. Aqui deverá vir só quando for convidada. Pode visitar todos os cômodos da casa, alguns estão fechados e com os móveis cobertos, porque são pouco usados. Pode olhar à vontade, mas não mexa muito.

Desceram as escadas, Sônia acenou com a mão e foi para outra parte da casa. Ana ficou curiosa para conhecer a mansão, era a primeira vez que estava numa casa tão grande. Subiu a escada que dava para a ala onde ficava seu quarto. A escada dava para um corredor muito grande, somente no fundo havia uma grande janela com vitrais coloridos. Foi até a janela e abriu, um vento forte e frio entrou. Dali viu o telhado da parte da mansão que não era sobrado, onde ficavam a cozinha e as salas de refeições. Viu a estrada que dava para a cidadezinha. Fechou a janela e examinou o corredor que era largo e atapetado de vermelho. Contou as portas, sete. Seu quarto era o terceiro depois da escada. Abriu uma por uma as portas dos quartos que eram todos iguais, com o mesmo tipo de móveis e enfeites. Cinco deles estavam com os móveis cobertos com tecidos marrons. Só o primeiro estava arrumado e ela achou na cabeceira da cama um livro sobre leis tendo o nome da dra. Janice.

"Ela também se hospeda nesta ala" — murmurou baixo.

Desceu as escadas e foi para a parte que não era sobrado. A sala que tinha a escultura dourada dava para uma saleta pequena, só com portas, não tendo móveis ou enfeites. Ana a conhecia, pela manhã viera ali tomar o desjejum, mas como estava ansiosa não reparou bem. Entrou na copa onde os empregados como ela tomavam as refeições. dona Eleonora usava o salão de refeições. Examinou a copa, era enorme, uma mesa grande com vários lugares estava no centro. Os móveis eram escuros e um quadro enorme da Santa Ceia ornava a parede central. A copa tinha três portas. Ana abriu a primeira, dava para uma enorme varanda coberta e um pomar com muitas árvores. Voltou à copa e abriu a segunda porta, viu a imensa cozinha que podia ser do tamanho de sua casa. Não havia ninguém, fechou e abriu a outra porta. Era uma sala de estar, grande e com poucos móveis, cadeiras antigas e nas paredes bonitos quadros com paisagens. Esta sala também dava saída para a varanda que Ana já vira. Teve vontade de ir até o pomar, mas ventava muito e estava frio. Voltou à saleta das muitas portas. Abriu outra porta e viu uma escada que descia ao subsolo. Estava escuro, acendeu a luz, desceu e viu um corredor com algumas portas, abriu uma delas e viu que eram quartos simples.

"Que casa cheia de quartos!" — exclamou e sua voz pareceu-lhe assustadora naquele local silencioso. Entrou num deles, os quartos davam só para a parte dos fundos da mansão. Abriu a janela e viu que realmente aquela parte ficava no porão da casa, dava direto para a estrebaria. O quarto estava muito sujo, ali não se fazia limpeza há muitos anos. Tinha muitas teias de aranha e os móveis eram poucos, uma cama de solteiro, um armário e uma cômoda. Fechou a janela e assustou-se, abafou um grito.

"Ai!"

Era um rato que passara correndo na sua frente. Saiu rápido dali. O cheiro forte de mofo a enjoou. Ana voltou à saleta e abriu as demais portas, uma dava para a cozinha, outra para o salão de refeições. Preferiu voltar à sala da escultura. Foi para a frente da casa, entrou e pôde examinar tudo; a parte da frente tinha varanda, vasos com plantas a enfeitavam, e havia alguns bancos. Admirou o jardim, tudo muito bem cuidado e com muitas plantas. E lá estava a pedra cinzenta e bonita, bem no meio do jardim. Foi então que viu a torre. Uma enorme construção, alta, redonda, de pedra, imitando as torres dos castelos europeus. Olhou tão fascinada para a torre que nem sentiu frio. A torre estava no canto do jardim à esquerda da casa.

"Que lugar interessante!"

Voltou à sala, tomou o corredor da esquerda e deu com uma grande porta. Aquela parte da casa era mobiliada com muito bom gosto e luxuosamente. Abriu a porta, era a biblioteca. Ana olhou tudo rapidamente, poltronas confortáveis, sofás estofados ricamente de cor bege e grandes tapetes verdes. Nas paredes, estantes fechadas com vidro e uma grande coleção de livros. A claridade vinha dos vitrais das janelas. Lustres lindíssimos enfeitavam o teto.

Fechou aquela porta e abriu a segunda do corredor, era um salão de jogos. Mesas de diversos tamanhos e tipos, decoradas de verde e bege, estavam espalhadas pela sala. Quadros de esportes enfeitavam as paredes. Ana sentiu que, se olhasse para a esquerda, ia ver um quadro retratando a caça de uma raposa.

Olhou devagar e sentiu um frio na barriga. Ali estava o quadro. Uma amazona e três cavaleiros com cães a perseguir uma raposa assustada.

"Não gosto de caças, mas este quadro é muito bonito! Como será que adivinhei? Nunca vim aqui e parece que conheço bem esta sala."

Tinha certeza de nunca ter estado naquela mansão, mas parecia conhecer tudo, até em detalhes.

Ficou ali olhando o quadro por minutos, sentiu-se atraída pela tela. Outros quadros também eram bonitos. Teve vontade de ficar ali contemplando o quadro a manhã toda, esforçou-se para sair dali.

"Estranho, não gosto de jogos, mas gosto desta sala. Parece que já passei boas horas aqui" — falou Ana baixinho escutando sua própria voz. "Preciso parar com este costume, se me escutam, pensarão, com razão, que não estou bem mentalmente."

Voltou ao corredor, abriu a terceira porta, era um escritório grande, com três escrivaninhas. Os móveis todos escuros, tapetes caríssimos, num canto um pequeno bar e uma estante com livros. Só dois bonitos quadros enfeitavam as paredes de cor bege-claro. Notou que a pintura era recente como em muitas partes da mansão, principalmente o lado externo. Chegou perto de uma escrivaninha que tinha dois porta-retratos. Num estava a foto de uma mulher loura de cabelos curtos. Leu a dedicatória:

"Ao Raimundo com amor, Nancy."

No outro, estava o retrato de um garoto sorrindo.

"Ao papai Rai, beijos, Cirilo."

"Aqui deve ser a mesa de trabalho do sobrinho de dona Eleonora, estes devem ser os retratos da falecida esposa e do filho" – pensou Ana.

Dona Eleonora era tia-avó de Cirilo, ou seja, tia do seu pai, o sr. Raimundo, que era viúvo. Olhou bem a fisionomia de seu aluno e gostou.

Saiu, fechou a porta e sentiu uma forte vontade de voltar à biblioteca. Entrou e trancou a porta, olhou as estantes como se conhecesse bem todos os seus livros. Abriu a porta de vidro de uma estante à esquerda das janelas, olhou fascinada para um livro grosso de capa bege, leu o título em voz alta: "Latim para estudiosos".

Este livro estava na segunda prateleira começando a contar de baixo para cima e era o primeiro do canto. Pegou, não queria sair, puxou e o livro veio para sua mão, deu uma olhada, não se interessou por ele.

"Não, não é o livro que me atrai."

Colocou-o no lugar, encaixou-o para a esquerda, depois duas vezes para a direita, após, empurrou para trás. Ficou olhando a estante como que hipnotizada. As duas partes dela se moveram como uma espécie de porta, afastaram-se da parede e abriram. Assustadíssima, olhou para o vão na parede, viu um pequeno espaço com uma escada de alguns degraus levando ao subsolo e depois a um corredor. Com muito medo, pegou o livro novamente e fez o mesmo movimento só que desta vez o puxou para frente e a estante devagar voltou ao seu lugar.

Colocou as mãos na cabeça, tremia. Teve vontade de chorar, mas se controlou, respirou fundo, tentando se acalmar. Saiu rápido da biblioteca, foi para seu quarto não querendo nem conhecer o lado direito da sala da escultura que ainda não vira. No quarto, começou a resmungar como sempre, toda aflita:

"Meu Deus, como pude saber? Como consegui abrir a estante? Pegar um livro antigo e logo de Latim! Será tudo coincidência? Parece que eu sabia, mas como? Acho que este ar misterioso da mansão está mexendo com meus nervos."

Não teve disposição para sair mais do quarto, estava tão nervosa e distraída que esqueceu a hora do almoço. Sônia veio chamá-la.

— Desculpe-me, Sônia, esqueci do almoço. Prestarei mais atenção no horário.

Sônia sorriu gentil e Ana a acompanhou até a copa. Alimentou-se pouco, estava sem apetite. Quando acabou, a arrumadeira veio da cozinha e lhe disse:

— Ana, se quiser ficar na sala de estar, ela está arrumada. É gostoso descansar nela.

— Obrigada, mas prefiro ir para meu quarto, logo devo ir conhecer Cirilo. Sônia, estive andando pela mansão. Vi muitos quartos no porão. Alguém os usa?

— Parece que foi por todos os cantos da casa – riu a moça. – Ninguém vai lá. Esta fazenda pertencia ao pai de dona Eleonora, quando ele morreu ela e o irmão herdaram. sr. Eurico, o irmão de nossa patroa, também faleceu e sua parte ficou para o sr. Raimundo, pai de Cirilo. Antigamente se davam grandes festas nesta mansão, aqueles quartos eram para os empregados extras, para os criados das visitas e para alguns escravos. dona Eleonora não gosta de festas e recebe, raramente, poucos amigos. O porão foi fechado e nem é aberto para limpeza.

— Sônia – indagou Ana, curiosa –, as ruínas que vi do meu quarto eram a senzala?

— Sim, esta fazenda teve muitos escravos. A senzala não foi conservada e acabou caindo. Aqui nada tem, a não ser as ruínas que lembram o tempo da escravidão. Se vai para seu quarto, me espere que logo irei buscá-la para que conheça Cirilo.

Sônia, com muitos afazeres, despediu-se e Ana voltou para seu quarto. Aguardou ansiosa para conhecer seu aluno, não se sentia bem, estava inquieta e nervosa.

No horário marcado, a arrumadeira bateu à porta. Ana estava pronta esperando, tentou se acalmar, a cena da biblioteca não lhe saía da cabeça. Seguiu Sônia, desceram as escadas, contornaram a parede e subiram a outra escada. Na quarta porta Sônia bateu e em seguida ouviram uma voz infantil.

— Entre! Entre!

As duas entraram e diante de uma mesa de estudo, na saleta de seu aposento, estava sentado Cirilo. Aparentava ter uns onze anos, estava vestido com um roupão azul escuro. Ana rapidamente observou tudo. A saleta era parecida com a do quarto de dona Eleonora, mas nas paredes havia muitos quadros modernos, que deveriam ser do gosto do garoto, eram sobre esportes, cavalos, e havia um enorme, retratando um trem, todos coloridos.

Cirilo também a olhou, examinando. Era um garoto de feições normais, só os olhos se sobressaíam, eram bonitos, grandes e sonhadores. Quando Ana ficou à sua frente, estendeu a mão cumprimentando-a.

— Boa tarde, srta. Ana Elizabeth! Prazer em conhecê-la.

— Boa tarde, Cirilo. Obrigada.

Sônia saiu e Ana sentou-se ao lado do menino.

— Prefiro que me chame de Ciro, mas só faça isto quando estivermos a sós. Titia não gosta. Como devo chamá-la?

— Ana. Agora vamos ver o que conhece do francês e do inglês para começarmos as aulas.

Fez algumas perguntas e logo percebeu que Cirilo tinha poucos conhecimentos; passou-lhe exercícios escritos para melhor avaliar.

— Sei que estou atrasado. É porque tenho faltado muito às aulas. Quando sarar, voltarei a estudar e cursarei alguma universidade.

— Que pretende estudar?

— Não sei, mas todos, ou quase todos da nossa família, estudam, não sei por quê. Mas estudar faz parte da nossa educação.

Eram quase dezesseis horas quando acabaram os exercícios.

— Ana – disse Cirilo –, que quer dizer...

A professora sorriu (era uma expressão em inglês) e traduziu para ele: – Castelo assombrado.

— Então é isto! Sabe, sonho sempre com um velho, vestido à moda antiga que me diz isto. Quando esta casa foi construída, seu construtor queria que fosse um castelo. Aqui é esquisito, este casarão velho tem seus mistérios. Quando minha mãe era viva não vinha aqui, depois quando ela morreu eu vinha pouco. Mas fiquei doente e papai, precisando viajar, me deixou aqui com a titia. Estou me recuperando de um resfriado, mas assim que sarar quero vasculhar todos os cantos desta casa. Ana, você não quer tomar chá comigo? Acho tão desagradável lanchar sozinho.

— Claro, será um prazer.

Cirilo tocou uma sineta e logo Sônia veio atender.

— Sônia – disse o menino –, por favor traga meu lanche juntamente com o de Ana, lancharemos juntos.

Sônia saiu e Ana indagou curiosa:

— Como Sônia ouviu a sineta?

O garoto riu.

— Bem, é que era hora do meu lanche e ela deveria estar pelo corredor aguardando chamá-la. Se ela estivesse em outra parte da casa não escutaria. À noite se me sinto mal é titia quem escuta do quarto ao lado e vem me ver. Sei que ela deve ter falado a você que, se precisar de alguma coisa, deve puxar o cordão ou tocar a sineta, mas é só por delicadeza. Se precisar mesmo é melhor gritar ou correr.

Cirilo fez uma pausa, suspirou e voltou a falar:

— Sinto-me só, estou sempre só. Mamãe morreu há seis anos. Papai leva uma vida de solteiro, como diz titia. Governantas, só governantas, mas estas são empregadas e nunca me fazem companhia. Aqui, nem tenho amigos, titia é azeda como limão. Aqui também estou só.

— Gosta muito do seu pai? – Ana indagou com dó de Cirilo.

— Não, não gosto – respondeu o garoto, calmamente.

Sônia trouxe o lanche numa grande bandeja e os dois comeram bem. Cirilo tinha razão, lanchar com companhia era muito mais agradável. Acabando, os dois já eram grandes amigos.

— Ciro, quando for vasculhar a mansão me deixa acompanhá-lo?

— Claro, acho bom ter companhia. Vamos nos divertir.

Ana não concordou, a mansão lhe dava medo, mas sorriu. Embora tivesse receio, a vontade de vasculhar tudo era enorme. Tudo ali a fascinava. Quando Sônia veio buscar a bandeja, Ana foi para seu quarto onde aguardou o jantar, não queria mais se atrasar. Enquanto esperava, preparou a aula para o dia seguinte. Lembrava da biblioteca e se arrepiava, não conseguia esquecer, parecia que ali fora só para isto. Teve até vontade de contar a Cirilo, mas temeu passar por abelhuda. Descobrir uma passagem secreta, logo após chegar à mansão ia parecer estranho, aliás era muito estranho.

Desceu para o jantar e uma senhora veio lhe servir.

— Boa noite, sou Elizete, a cozinheira.

— Boa noite – respondeu Ana, sorrindo.

Elizete era robusta, de meia-idade, parecia ser bem simples. Colocava o jantar na mesa de modo perfeito. Depois de uns segundos em silêncio Ana perguntou:

— E Sônia?

— Sônia trabalha de manhã e à tarde, dificilmente fica aqui à noite. Ela é solteira, gosta de ter as noites livres.

Elizete, embora educada, respondeu secamente, demonstrando que não era de muita conversa. Saiu e Ana comeu. O jantar estava muito gostoso e, quando acabou, Elizete apareceu como se soubesse que ela havia terminado.

— Sua comida é deliciosa – disse Ana, tentando ser agradável. — Cozinha como fada.

A cozinheira sorriu gostando do elogio e indagou:

— Você gostou daqui? Gostou do pequeno Cirilo?

— Gostei sim, só estou estranhando a solidão. Tudo tão

grande para poucas pessoas. Cirilo é um amor, nem parece doente. O que ele tem que o priva de freqüentar a escola com outros meninos de sua idade?

Elizete, que retirava os talheres da mesa e os colocava numa bandeja, ficou novamente séria.

— Se você não sabe, não serei eu que vou contar. Nossa patroa não gosta de pessoas indiscretas. Se quer saber, pergunte a ela. Boa noite!

Ana respondeu ao cumprimento muito sem graça e voltou ao seu quarto. Pela casa não se ouvia nenhum barulho, só dos seus próprios passos.

"Que será que Cirilo tem? Parece franzino para sua idade. Pensei que ele teria alguma deficiência, mas é perfeito. De diferente só as manchas avermelhadas, mas podem ser do resfriado. Não entendo o porquê de privar o menino da escola e isolá-lo neste lugar. Pessoas ricas têm cada uma! Cirilo queixa-se que é sozinho, mas nesta casa qualquer um tem solidão."

Para ver se conseguia distrair-se, pegou um dos três livros que trouxera para ler.

"Vou ler muito aqui!" – suspirou e lembrou-se novamente da biblioteca. "Sim, tenho muito que ler."

A Mansão da Pedra Torta era um mistério, mas iria desvendá-lo e com a ajuda de Cirilo.

"Cirilo, Ciro, que terá você, meu amigo? Que mistério também envolve sua saúde?"

Capítulo 3

O Sonho

Ana leu um pouco, era cedo ainda, mas deitou e logo dormiu.

Sonhou... Seu sonho foi tão nítido que teve dificuldade, ao acordar, de saber se fora sonho ou se realmente havia acontecido. Seu coração batia rápido, levou alguns minutos para se acalmar e só então olhou o relógio, eram duas horas e cinqüenta minutos da madrugada. Ficou acordada relembrando o sonho com os olhos abertos, com o quarto sob a claridade tênue do abajur.

Sonhou que estava vestida à moda antiga, vestido longo, armado, azul e verde. Estava bem arrumada, com os cabelos presos no alto da cabeça e caíam cachos nos ombros. Estava com lindos brincos de pedra azul com brilhantes que vinham até o pescoço. Tinha uma aliança de casada que olhou com desprezo.

Estava no seu quarto, mas não aquele onde se encontrava agora, era um outro situado na ala principal. Depois de verificar que estava bem, bonita, ela saiu do quarto em passos rápidos e foi para a biblioteca. Lá, abriu a estante, pegou o livro de Latim e abriu a passagem secreta. Pegou uma lamparina a óleo e acendeu. Entrou no vão da parede, do lado de dentro, utilizou-se de um mecanismo existente do lado direito, era uma pequena alavanca, forçou para baixo e a estante fechou. Não teve medo, parecia que fazia sempre este caminho. Desceu a escada e chegou a um pequeno cômodo que tinha duas portas. Olhou com indiferença a que dava para outro corredor, andou por minutos, acabava o corredor com outra escada, só que esta era de poucos degraus e subia. Da escada ela empurrou uma laje e logo apareceu um vão por onde passou depressa. Fechou, apagou a lamparina e a deixou ali. Estava numa gruta bem cuidada e olhou para o vão que havia passado, atrás de um pequeno altar. Certificando-se que não tinha ninguém ali, deu um assobio e escutou em seguida outro parecido. Logo viu um vulto se aproximando, era de um homem, ela correu e atirou-se nos braços dele. Depois voltou, abriu o vão atrás do pequeno altar, acendeu a lamparina, fechou a passagem e rapidamente voltou fazendo o mesmo caminho. Abriu só um pouquinho a passagem da biblioteca e se certificou de não haver ninguém, abriu, passou rápido, fechou a passagem e apagou a lamparina. Foi depressa para seu quarto, ao entrar, suspirou:

"Ele não chegou!"

Ao acordar, Ana examinou-se no espelho e ficou impressionada ao lembrar-se da fisionomia da mulher do sonho. Era bem parecida com ela, só que mais delgada, pescoço mais comprido, lábios finos, os olhos verdes cínicos e sorriso amargo. Sabia que era ela, tinha certeza de que era ela.

Ana era bonita, clara, cabelos castanhos curtos e olhos castanhos esverdeados. Estatura média e magra.

"Tudo isto porque fiquei impressionada com a passagem secreta na biblioteca. Sonho é bobagem, não devo ficar abalada" – falou aborrecida.

Mas ficou a pensar: "Como descobri a passagem? Por que este sonho tão nítido em que parecia que recordava algo que fiz? Por que, embora um pouco diferente, senti que era eu a mulher vestida à moda antiga a passar pela passagem secreta? Que sonho!"

Ficou agitada, nervosa e demorou para dormir novamente. O relógio despertou, Ana acordou, levantou e preparou-se para a aula. Desceu para o desjejum. Sônia a acompanhou ao quarto de Cirilo. Ao passar pela porta do quarto com que sonhou, não se conteve e perguntou:

— Estes quartos ficam vazios? Este aqui alguém o ocupa?

— São muitos quartos para poucas pessoas. Mas neste aí, chamado o quarto da esquerda, ninguém fica. dona Eleonora, quando mocinha, ocupou-o por uns dias, depois disto nunca mais foi ocupado. Dizem que era assombrado, mas agora nada se vê de estranho nele, também ninguém o ocupa. Quando tem visitas, dão preferência aos outros.

Pararam no corredor, em frente ao quarto citado. Sônia falava baixinho, fez uma pausa e verificou se não eram observadas e continuou:

— Dona Eleonora, quando ocupou o quarto, ouviu gemidos e viu uma mulher, jovem e bela, que lhe pediu socorro porque estava sofrendo. Ela reconheceu ter sido um dos membros de sua família. Apavorada não voltou mais ao quarto.

— Quem é esta jovem mulher que assombrou dona Eleonora?

— Foi uma moça pobre que se casou com um antepassado dela, morreu sem deixar filhos.

Ana estava assustada, mas sentiu uma vontade irresistível de saber mais sobre o assunto e indagou novamente:

— Sônia, você acredita em fantasmas?

— Eu acredito, e você?

— Em outro tempo e lugar responderia que não, mas agora, aqui...

Sônia bateu na porta do quarto de Cirilo e este mandou entrar. O garoto estava esperando. Ana, ao olhar para ele, viu que não estava bem, tossia e estava ofegante, piorara do resfriado. Deu sua aula, mas, antes do final do horário, Cirilo reclamou:

— Chega, Ana, hoje não estou bem, estou com muita dor de cabeça. dr. Bernardo vem me visitar logo mais. À tarde, se eu não estiver disposto, não teremos aula. Você parece abatida. Não está bem?

— Tive um sonho esquisito. Sonhei com este quarto assombrado e com uma mulher jovem e bela vestida à moda antiga.

— Xii!... - exclamou Cirilo. - Será que você sonhou com Vitória?

A jovem professora estremeceu, Vitória lhe pareceu um nome familiar. Tão seu, como Ana.

— Quem é esta Vitória?

— Pelo que sei, foi esposa de um membro de minha família. Tia Eleonora a viu quando era moça, por isto prefere que ninguém ocupe este quarto. Dizem que esta Vitória tinha a mania de falar sozinha e foi por isto que o marido descobriu que ela o traía. Já vi seu retrato no salão da galeria, só que nem prestei atenção. Lá tem muitos retratos. Você já foi lá?

— Não.

— Nem poderia, está trancado. Fica na parte direita da mansão no primeiro pavimento. Quando eu ficar bom, levo você lá. Sei onde está a chave.

— Quero ir!

— Acho – comentou Cirilo alegre – que arrumei companhia para andar por toda esta casona.

— Ciro, aqui perto tem uma gruta com um pequeno altar? – perguntou Ana.

— Como sabe? Fica atrás da mansão. Do seu quarto dá para ver as árvores que a circundam. É um altar de Nossa sra. do Rosário. Já fui lá quando menino, faz tempo, mas lembro bem.

A professora sorriu e brincou, para disfarçar o medo que sentiu.

— Quando menino, Ciro?

— Sim, agora já sou um rapaz – falou, estufando o peito. – Mas, me responda, como soube da gruta? Ninguém por aqui parece apreciar aquele lugar.

— Ouvi falar – respondeu Ana, simplesmente.

Ciro não insistiu, sentia cansaço e foi se deitar. Elizete lhe trouxe o chá com remédio. Ana foi para seu quarto. Abriu a janela e olhou bem para fora, viu as árvores. Desejou ver a gruta, agasalhou-se e saiu do quarto. Mas, como não sabia como ir aos fundos da casa, usou a entrada da frente e logo descobriu a garagem que era coberta, comprida e dava a saída para os fundos. Passou por ela e deu com o pátio. Logo após o pátio, ficava a estrebaria do lado direito, à esquerda viu um portão que levava às casas dos empregados. Atrás das casas, uma horta e, do outro lado, a criação de animais, com aves e suínos. Caminhou para a estrebaria, do portão viu um homem cuidando de uns cavalos. Observou curiosa, eram animais bonitos e fortes.

— Bom dia!

Um homem voltou-se devagar, virando do lado direito, não a encarou. Continuou de lado, deu uns passos e ela percebeu que era o homem que a trouxera da estação. Curiosa tentou ver seu rosto, mas o homem virou novamente de costas e respondeu secamente:

— Bom dia!

— Sou Ana Elizabeth, a professora de Cirilo. Gostaria de ver os animais. Posso entrar? Posso abrir o portão? Como você se chama?

O homem continuou seu trabalho de costas para o portão e para ela, respondendo sem muita vontade:

— Me chamo Rodolfo. Desculpe, moça, mas aqui só se entra com permissão dos donos da casa.

Levantou-se e foi para os fundos, deixando-a ali, olhando. A moça suspirou e saiu para o pátio, foi andando rumo ao portão que levava às casinhas, quando escutou:

— Moça! Bom dia!

Viu um garoto sair de uma das casas, atravessou o portão e veio até ela, sorrindo feliz.

— Sou Michel, o filho do jardineiro João. A senhora é dona Ana, a professora?

Ana sorriu, até que enfim uma pessoa simpática. Michel era bonito, olhos grandes e vivos, cabelos avermelhados e sorriso encantador. Respondeu, sorrindo também:

— Sou a professora, sim, muito prazer em conhecê-lo. Chame-me só de Ana, por favor. Você gosta daqui?

— Sim – respondeu o garoto. – Sempre morei aqui. Minha mãe morreu quando eu era nenê, moramos logo ali, meu pai e minha irmã que tem dezoito anos. Eu tenho dez anos. E você, está gostando daqui?

Ana afirmou com a cabeça. Sua afirmação foi sem convicção. Instintivamente abraçou o menino que se deixou abraçar, como se fossem velhos conhecidos. Sentiu amar aquele garoto.

— Michel! Onde você está?

Eles se separaram. Uma moça saiu na porta da segunda casa e gritou pelo menino. Era uma moça bonita, cabelos negros, compridos, e sorriso simpático igual ao do irmão.

— Aqui! – gritou Michel.

A moça veio ao encontro dos dois.

— Esta é Ana, a professora do Cirilo – disse, mostrando a nova amiga. – Esta é minha irmã Eliane.

— Encantada – falou Ana, estendendo a mão, respondendo ao cumprimento de Eliane.

— Agora vamos ter que sair – explicou Eliane. – Teremos muito tempo para conversar. Ana, venha nos visitar. Até logo!

Os dois saíram e Ana foi para seu quarto, mas sentiu uma vontade enorme de voltar à estrebaria.

"Voltarei outra hora, pedirei permissão ao Ciro" – resmungou e sentiu um calafrio, ao lembrar o que Ciro lhe contou: "Vitória, o fantasma, tinha mania de falar sozinha". Só quando chegou ao seu quarto Ana se lembrou que não fora à gruta.

"Meu passeio à gruta ficará para outro dia" – pensou. "Pedirei ao Michel para me levar lá. Que garoto lindo! Sinto que eu o amo. Mas como, se o conheci hoje?"

Sentia que o conhecia e bem, conhecimento de muito tempo. O sonho ainda lhe incomodava. Pareceu tão real! Logo era hora do almoço, desceu e se alimentou.

Depois subiu ao seu quarto e preparou a aula. No horário foi para o quarto de Cirilo. Encontrou-o no leito e Sônia lhe fazendo companhia.

— Ana – falou o menino –, não teremos esta aula da tarde. Estou com febre, tire o dia para passear. Amanhã, se eu estiver melhor, continuaremos nosso estudo.

— Obrigada, Cirilo, estimo que sare logo. Quero lhe pedir permissão para conhecer a estrebaria. Rodolfo disse que não se pode entrar lá sem permissão.

Sônia e Cirilo riram e o garoto respondeu:

— É cautela do Rodolfo, a ordem é para não entrar estranhos, mas você é minha mestra. Vá quando quiser e diga-lhe que eu autorizei.

Cirilo estava ofegante. Ana despediu-se, saiu e foi conhecer a estrebaria. Passou pela garagem e logo chegou ao pátio. Na frente da estrebaria, bateu palmas, e, não vendo ninguém, abriu o portão, deu uns passos com cautela e, de repente, se viu de frente com Rodolfo. Gritou assustada.

Rodolfo tinha do lado esquerdo do rosto, na altura da sobrancelha, uma feia e enorme cicatriz, não tinha o olho esquerdo e a pálpebra era grudada, formando um buraco. A cicatriz, avermelhada, descia até os lábios. Naquele dia seu aspecto estava pior ainda, a barba estava por fazer, vestia uma camisa preta com gola alta e estava com os cabelos despenteados. Rodolfo também se assustou com os gritos de Ana e no momento não soube o que fazer. Michel veio correndo, segurou as mãos de Ana e explicou:

— Ana, este é Rodolfo, meu amigo.

A jovem envergonhou-se e tratou de se desculpar ao ver o moço aborrecido.

— Desculpe-me, assustei-me à toa. Queria ver os cavalos, bati palmas, ninguém atendeu, entrei e me assustei como uma boba.

— Não precisa se desculpar – respondeu Rodolfo –, dou medo a todos.

— Não a mim – corrigiu Michel. – Não se chateie, Rodolfo.

— Claro que não dá medo – falou Ana –, que bobagem. Eu que pensei não ter ninguém aqui.

Rodolfo a olhou rancoroso e Michel puxou Ana pela mão, para fora. No pátio, ela explicou ao seu novo amigo:

— Michel, não queria gritar, só levei um susto. Não imaginei...

— Rodolfo é feio, mas é meu melhor amigo – acrescentou Michel, com carinho. – Gosto dele como um irmão. Certamente ele ficou chateado, mas passa logo.

— Levaria susto de qualquer um que lá aparecesse – afirmou Ana. – Mas o que aconteceu com ele para que ficasse assim?

— Bem, faz tempo. Rodolfo me contou. Vamos sentar aqui, neste banco.

Sentaram num banco de pedra, na varanda que dava de frente ao pomar. Estava frio, mas Ana, curiosa para saber o que aconteceu, nem sentia. Michel com seu modo simples narrou a história de Rodolfo:

— Rodolfo teve uma doença infantil quando era bebê, demorou para andar e, quando o fez, passou a mancar. Seus pais morreram quando ele ainda era pequeno, passou então a morar com uma tia que faleceu no ano passado. Sempre morou aqui e gosta muito dos animais, principalmente dos cavalos de quem cuida com muita dedicação. Mas foi num acidente com eles que Rodolfo ganhou esta cicatriz no rosto. Isto aconteceu quando ele tinha quatorze anos. A estrebaria naquela época era velha. dona Eleonora tinha um irmão, sr. Eurico, que bebia muito. Naquela noite, ele estava bêbado e veio para a estrebaria e, por descuido (isto concluíram, porque ninguém sabe ao certo o que aconteceu), deixou cair a lamparina na palha e o fogo alastrou-se rápido. Rodolfo morava com a tia na primeira casa, depois do portão, e mora lá até hoje, só que agora sozinho. Acordou e veio correndo para a estrebaria, gritou e todos correram. Rodolfo querendo salvar os animais entrou e abriu os portões salvando os cavalos. Mas uma ripa caiu do telhado bem no seu rosto. Joaquim, um velho empregado, foi quem tirou ele lá de dentro. Seus ferimentos sararam, mas ficou a cicatriz. dona Eleonora levou-o ao médico na cidade grande, disseram que ele poderia fazer uma operação para melhorar seu rosto. dona Eleonora disse que ia levá-lo, mas o tempo passou e ninguém falou mais nisto. Acho que é porque esta cirurgia fica muito cara. No incêndio, o irmão da dona Eleonora morreu. Acharam o corpo dele todo queimado.

Michel suspirou ao terminar seu relato. Depois de um instante em silêncio, ouviu a moça falar:

— Estou envergonhada por ter-me assustado. Mas alguém poderia ter me avisado. Coitado do moço!

— Você não podia imaginar – consolou-a Michel.

— Rodolfo mora sozinho, ele é solteiro?

— É. Rodolfo é quieto e muitos o acham estranho. Eu não acho, gosto muito dele. Ele gosta de minha irmã Eliane, mas ela não gosta dele e namora Pedro, um moço que mora lá na cidade.

Ana fez uma careta, sentiu raiva por Rodolfo gostar de Eliane, aquela sem graça, que até minutos antes achava bonita. Estranhou. Por que achava ruim? Acabou de conhecê-los. Mas sentia que Rodolfo não podia amar Eliane.

— Vou embora, Ana – disse Michel. – Aqui está frio e preciso estudar.

— Também vou entrar, vou para meu quarto ler. Tchau.

— Tchau.

Ana levantou, mas não saiu do lugar, ficou olhando Michel que foi para casa.

"Devo entrar também" – pensou Ana.

Caminhou rumo à garagem. Descobriu que a garagem tinha uma passagem que levava à saleta das muitas portas, encurtando o caminho. Poderia também passar pela cozinha, mas Sônia lhe disse que Elizete não gostava que passassem por ali, então passou a fazer este trajeto, pela garagem. Mas, no pátio, mudou de rumo, sentiu uma vontade forte de voltar à estrebaria e ver Rodolfo.

— Rodolfo – chamou baixinho.

Como ninguém respondeu, abriu o portão e entrou vagarosamente. Não tinha dado muitos passos quando começou a sentir-se mal, tudo começou a rodar, viu o fogo e sentiu o cheiro da fumaça. Sem conseguir sair do lugar, Ana, apavorada, viu o fogo se alastrar nas palhas e dois homens discutindo, um mais velho que levava desvantagem e outro mais moço que gritava impropérios. Viu bem o rosto do mais moço que tirou um punhal e enfiou, friamente, no peito do outro. Gritos de "fogo, fogo" fizeram com que o assassino corresse para os fundos e sumisse.

— Senhorita! Senhorita! Que aconteceu?

— Hum... – respondeu Ana.

Com os olhos arregalados, sentia que o ar lhe faltava. Rodolfo a segurava pelos braços impedindo-a de cair. Olhou tudo, confusa, aos poucos foi melhorando, viu que estava na estrebaria e que não havia fogo. Rodolfo a olhava curioso e com rancor. Quando notou que ela estava melhor, largou-a e disse:

— Não precisa se assustar, sou feio mas não mordo. Não acha que dois sustos já é exagero?

— Desculpe-me, mas não levei susto do senhor.

— Sou Rodolfo, ninguém me chama de senhor. Por que chamar de senhor um empregado que cuida dos animais? Mas o que aconteceu? Parecia que ia perder os sentidos.

— Entrei aqui para lhe dizer que sentia muito ter levado um susto e para conhecê-lo melhor, já que somos colegas, trabalhamos no mesmo lugar.

— Com uma diferença, você é uma professora, uma pessoa instruída e eu um pobre coitado, um peão, você é bonita...

— Acha mesmo? Obrigada – falou Ana, rápido, interrompendo Rodolfo.

— Mas o que você sentiu?

— Estava entrando, quando vi fogo, cheguei a ficar asfixiada com a fumaça. Vi fogo, juro!

Rodolfo começou a rir, depois ficou sério e olhando para ela indagou:

— Fogo onde? Aqui não tem fogo.

— Não, não tem. Mas eu vi! Também vi dois homens discutindo, a lamparina caiu e o fogo começou. O homem mais novo pegou uma faca ou punhal e enfiou no outro que era mais velho. Com os gritos de fogo, o assassino correu por ali, pelos fundos e nem tentou ajudar o outro que se contorcia de dor. Não entendo o que aconteceu. Aí você me chamou e vi que nada tinha acontecido.

Rodolfo a olhou bem e a jovem estremeceu com o olhar dele. Estavam perto e ela desejou que ele a beijasse. Mas Rodolfo virou as costas e comentou:

— Estranho, muito estranho! Como é este moço, o assassino? Você o reconheceria?

— Sim, gravei bem sua fisionomia. É moreno, de costeletas largas, lábios grossos e tem uma pinta do lado direito dos lábios.

— Inacreditável!

Virou-se para ela, olhando-a bem e balançou a cabeça.

— Rodolfo, eu não sou louca! É a primeira vez que isto me acontece. Acho que a culpa é desta mansão. Estas velhas construções mexem com a cabeça da gente. Não precisa acreditar. Tive uma tontura, é isto, foi uma tontura.

— Acredito em você. Acho bem interessante a visão que teve. Não entendo disto e nem sei o que lhe aconteceu, o que a levou a ver o passado ou as cenas do incêndio que houve aqui. Sim, porque aqui houve um incêndio horrível. Fui o primeiro a entrar aqui, quando pegou fogo. Soltei os cavalos, ia sair quando vi sr. Eurico caído, ia puxá-lo quando caiu um pedaço do telhado em cima de mim e desmaiei. Fui salvo por um outro empregado. Quando o fogo acabou, acharam o cadáver do sr. Eurico. Minha tia e o velho Joaquim, que me salvou, viram que o cadáver tinha uma faca no peito. dona Eleonora pediu para os dois nada falarem. Para todos, o sr. Eurico, bêbado, tinha derrubado a lamparina. Minha tia tempos depois me contou este detalhe, e eu não falei a ninguém. E a porta do fundo que você viu existia na antiga estrebaria.

— Será que vi o que aconteceu no incêndio? Se vi, existe um assassino!

Rodolfo sorriu, quando sorria ficava mais feio ainda, seu rosto repuxava e os lábios entortavam.

— Ana, não conte a mais ninguém o que viu aqui. Passaria por louca ou poderia ser perigoso. E poderá vir a conhecer o assassino um dia, se é quem estou pensando.

— Virgem Maria! Você sabe me dizer o que foi que eu tive?

— Uma visão, suponho. Mas, boa-tarde, tenho muito o que fazer.

Virou e saiu da estrebaria. Ana teve vontade de lhe responder com grosseria, mas balbuciou um boa-tarde e saiu também. O ar frio da tarde lhe fez bem, mas preferiu voltar para seu quarto, porque sentia uma leve tonteira.

Chegando ao seu quarto, olhou pela janela e se lembrou que tinha saído também para ver a gruta.

"Não faz mal, irei outro dia. Pedirei a Michel para me levar."

O sonho que tivera com a passagem secreta e a visão da estrebaria a intrigavam, deixando-a nervosa. Lembrou do assassino.

"Nunca mais esquecerei seu rosto frio e cínico. Que coisa! Será que estou ficando doente? Ou será que é esta mansão a causadora destes distúrbios?"

Resolveu tomar banho e descansar.

Capítulo 4

O Salão de Baile

Ao descer para a copa, Ana ouviu conversas na sala ao lado. A jovem professora, curiosa, com toda cautela olhou pelo vão da porta que estava um pouco aberta. A outra sala de refeições era luxuosa, mas não prestou muita atenção, olhou quem conversava. Era dona Eleonora e um senhor alto, que se trajava elegantemente, de maneira sóbria, um pouco à antiga. Era louro e aparentava ter sessenta anos. Ana simpatizou-se com ele. Temendo ser descoberta voltou logo para seu lugar na mesa. Logo foi servida, teve vontade de fazer algumas perguntas a Elizete, mas não teve coragem, lembrava bem da resposta que ela lhe dera na outra vez. Ao lhe servir um doce de sobremesa, ouviram uma risada na sala das escadas e foi Elizete quem comentou:

— A dona Eleonora está subindo com o dr. Bernardo, certamente irão ver o pequeno Cirilo, depois jogar cartas até tarde na sala de jogos. Os dois têm uma amizade muito antiga. Ele vem muito aqui, para visitar nossa patroa e para ver o menino doente. dr. Bernardo é muito simpático, está sempre elogiando minha comida. Agora vou jantar. Boa noite, Ana.

— Boa noite!

Ana comeu seu doce rapidamente, ia subir, mas não estava com vontade de ficar no seu quarto sozinha. dona Eleonora havia subido, Elizete estava jantando e ela aproveitou para ver com detalhes a sala ou salão de refeições ao lado. Entrou cautelosamente na sala que estava encantadoramente iluminada. Candelabros riquíssimos de cristal enfeitavam o teto, quadros belíssimos ornavam as paredes, grossas cortinas bege e amarelo-claro com acabamento em marrom cobriam as janelas. Vasos de flores e plantas exóticas enfeitavam a imensa sala. No centro, uma mesa comprida de ébano, cadeiras de madeira com assento de veludo bege. Numa ponta da mesa ainda estavam os talheres do jantar recém-servido. Encantada, chegou perto, os talheres eram de prata, copos de cristais, pratos lindíssimos de porcelana e havia uma garrafa de vinho francês sobre a mesa que estava revestida de uma toalha branca de linho bordado.

"Tudo tão lindo! Esta sala ficaria melhor com as cortinas verde musgo. Que idéia! Parece que conheço esta sala!"

Curiosa, Ana abriu a porta à direita. Estava escuro. Entrou e acendeu a luz ao lado da porta e defrontou-se com uma bela sala de estar onde eram servidos café ou licor após as refeições. Dois lindos quadros enfeitavam as paredes, poltronas confortáveis e dois sofás de cor bege serviam para o descanso de hóspedes. Viu três mesas com grandes e luxuosos cinzeiros e, nos vasos, flores artificiais. Havia outra porta e Ana a abriu; dava para um pequeno jardim com bancos e balanços. O jardim era murado, alto. Ana lembrou de ter visto o muro do pátio. Fechou logo a porta, porque o frio era intenso. A noite escura demonstrava que ia chover novamente. Algumas revistas de moda e fofocas estavam num antigo porta-revistas. Sentiu-se atraída por aquela peça. Abaixou e não se interessou pelas revistas, mas sim pela obra de arte.

"Meu Deus, que beleza! Do outro lado deve estar a figura da deusa Vênus."

Virou a peça e lá estava, encantadoramente, a deusa Vênus a lhe sorrir misteriosa, desenhada em relevo no cobre da peça, como a lhe dizer:

"Até que enfim você novamente para me dar valor."

Passou a mão admirando a peça e a virou dando realce à deusa.

"Parece até que esta peça já foi minha, e que gostava muito dela. Lembro-me que ganhei de presente de alguém muito querido. Bobagem! Só a achei bonita."

Colocou as revistas novamente no lugar e resmungou:

"Seria interessante se pudesse levar estas revistas para meu quarto. Mas não posso levá-las sem autorização e agora não tenho a quem pedir."

Apagou a luz e saiu. Voltando ao salão das refeições, escutou um barulho e se escondeu atrás de uma cortina. Elizete tirava os talheres resmungando. Quando ela saiu rumo à cozinha, Ana suspirou aliviada, deixou seu esconderijo, pensando em ir para seu quarto. Mas estava curiosa para conhecer o resto da mansão e abriu a porta do lado contrário àquele pelo qual entrara. Chegou numa sala pequena em comparação com as outras, mobiliada com móveis antigos e escuros e decorada com grandes quadros de paisagens. Não havia poltronas ou cadeiras, o que demonstrava que a sala era de passagem. Todas as cortinas eram iguais, no mesmo tecido, somente com acabamento mais requintado: as pontas das cortinas apresentavam bordados em dourado com pingentes da mesma cor.

"Quantos metros de tecidos foram gastos nestas cortinas! Vestiriam dezenas de pessoas" – murmurou.

Desta sala, passou para outra, de luxo exagerado. Dava para a porta principal da entrada da mansão. Grande, com as cortinas iguais às da outra sala. Quadros encantadores e lustres de cristal maravilhosos, tapetes combinando com as cortinas. Estava dividida por móveis em três ambientes. Tinha muitos enfeites. O ambiente da frente era o mais antigo, com muitas mesinhas, sofás e poltronas verde e bege. No fundo, o ambiente mais moderno destacava um barzinho com copos e bebidas. Parecia ser a parte para visitas jovens.

Na frente da sala, do lado esquerdo, havia uma porta grande. Ana abriu e nada viu. Com a escuridão não conseguiu achar o interruptor.

"Onde será que se acendem as luzes desta sala?" – pensou. "Mas se acender alguém lá fora irá ver e perceberá que estou aqui."

Entretanto a curiosidade a atiçava. Procurou no escuro e acabou achando onde acender. A eletricidade havia sido instalada na mansão fazia pouco tempo. Os candelabros à vela ali estavam e, também, lâmpadas elétricas colocadas nos cantos, em paredes e abajures.

Era um salão de festas enorme. Algumas janelas davam para a frente da casa, outras, para o lado direito. Neste salão não havia móveis. Ana chegou perto de uma janela, afastou a cortina com cuidado e viu que dava para o jardim. Examinou o salão. No fundo, um piano de cauda sobre um tablado de madeira e, do lado direito, mesinhas e cadeiras. O assoalho era de madeira trabalhada em quadrados, uns escuros e outros claros.

Ana examinava tudo com atenção, sem conseguir sair do lugar. Sentiu-se mal. Parecia rodar em ritmo de valsa. Viu-se toda enfeitada, com um vestido vermelho, armado, todo bordado e com um grande decote. Usava muitas jóias. Ria contente, admirada e invejada por todos os convidados. Sabia que era um sucesso. O som da música, de uma valsa, era alto e ela achava a canção muito bonita. Ria feliz e esnobava os admiradores. Festa luxuosa. O salão lotado. Sentiu-se cair no chão.

Foi voltando ao normal, levantou-se confusa, o salão agora estava vazio e silencioso.

"Meu Deus! Que coisa estranha! Estarei doente? Como posso imaginar isto tudo? Este ar de velharia está me fazendo mal. Parecia que estava numa festa do passado. Virgem Maria!"

Deveria ter tido festas incríveis neste salão de baile. Ana apagou as luzes, fechou a porta, atravessou a sala principal e entrou em outra. Olhou mais uma vez para os quadros, e como sempre falou em voz baixa:

"Quantos quadros! Quantos candelabros de cristal! Que riqueza nestas peças antigas!"

Viu uma porta do lado direito. Forçou para abri-la. Estava trancada. Sentiu-se atraída por aquela porta. Concluiu que era a sala trancada, que Cirilo lhe falou, a dos retratos. Estava com forte dor de cabeça e resolveu voltar para seu quarto. Apagou todas as luzes, olhou o relógio na sala das escadas, era bem mais tarde do que pensava:

"Devo ter ficado caída por muito tempo. Será que desmaiei?"

A mansão permanecia silenciosa. Sem fazer barulho voltou para seu quarto e logo adormeceu.

Sonhou. No seu sonho ela descia as escadas e ia direto à sala trancada. Abria a porta e olhava para uns objetos, diante de um quadro, assustava-se e levava a mão à boca para não gritar.

Acordou com a mão na boca, aflita. Levantou e tomou um remédio para a cabeça que doía terrivelmente. Procurou acalmar-se, ajeitando-se na cama.

"Que será que vi no quadro que me assustou? Não lembro! Que sonho estranho! Sonho é sonho e não se deve dar atenção. Devo dormir!"

Mas nada de adormecer novamente. Então, começou a ouvir vozes. No começo pareciam estar longe, foram aos poucos se aproximando. Ana tremia, puxou os cobertores, colocou a cabeça embaixo do travesseiro. Nada, continuou a escutar as vozes. Não conseguia entender direito o que falavam. Orou aflita. Novamente o silêncio. Ajeitou-se no leito.

"Estou apavorada. Vozes são de pessoas. Alguém deve ter acordado, levantado e conversado. Nesta mansão tão grande deve dar até eco. Neste silêncio qualquer voz parece fazer um barulhão. Devo acalmar-me e dormir. Mas tenho vontade de ir à sala trancada. Não sei por quê. Ainda irei lá."

Ana estranhou, nunca foi tão curiosa. Por que será que estaria com tanta vontade de ir à sala trancada? Também começava a preocupar-se com sua saúde. Estavam acontecendo fatos estranhos com ela.

Cansada, acabou dormindo.

Capítulo 5

A Bandeira Branca

No outro dia cedo, Sônia veio limpar o quarto.

— Bom dia, Ana. Vim cedo limpar esta parte da mansão.

— Só você limpa tudo? – indagou Ana, querendo conversar.

— Não, Eliane ajuda sempre. Faço assim, cada dia da semana limpo uma parte. Somente os quartos da dona Eleonora e do Cirilo é que limpo todos os dias. Os quartos fechados são limpos uma vez por mês e Eliane vem limpá-los.

— Esta noite ouvi vozes, pessoas conversando. Está hospedada mais alguma pessoa nesta ala?

Sônia riu. Bonita, morena clara, cabelos longos que trazia sempre presos; quando ria duas graciosas covinhas apareciam na sua face. Tinha vinte anos, era esperta e agradável.

— Não, nesta parte só tem você.

— Estranho! – exclamou Ana, encabulada.

— Estas vozes são escutadas sempre pela mansão. Você entendeu o que disseram?

— Não entendi direito.

— É sempre assim, ninguém entende o que eles dizem ou o que ela diz. Porque parece que sobressai a voz de uma mulher.

— Eles quem? E esta mulher, sabem quem é ela?

— Ora – disse Sônia balançando os ombros –, são fantasmas.

Ana riu, mas sentiu um arrepio. Até poucos dias gargalharia destes fatos, mas agora...

— Será que esta mulher é a Vitória?

— Como sabe este nome? – Sônia não esperou pela resposta e continuou a falar animada, demonstrando gostar destas histórias: — Acho que não é ela, esta nunca ninguém viu por aqui, só mesmo dona Eleonora quando mocinha. Ver fantasmas mesmo, ninguém os vê, pelo menos não falam, mas as vozes todos os moradores da fazenda já escutaram. Não são todas as noites, uma vez ou outra, elas se fazem escutar por toda a mansão, no pátio, na estrebaria e na gruta. Queria muito escutar, até já dormi num destes quartos várias noites para escutá-los. Isto, escondido de dona Eleonora.

— Escutou? – indagou Ana, curiosa.

— Depois de doze dias, escutei. Levantei e andei pelos corredores e não pude distinguir de onde elas vinham. Também não entendi muita coisa, todos por aqui já se acostumaram, nem ligam mais. Ontem à noite viram luzes acendendo e apagando na ala nobre, nas salas e salões.

Ana teve vontade de rir, mas se conteve. As luzes havia sido ela, mas as vozes atribuídas aos fantasmas deveriam ter explicações também. Sentiu-se aliviada.

— É você que limpa aquelas salas?

— Eliane e eu as limpamos uma vez por semana. Aqui trabalham Elizete na cozinha e Jovina que lava e passa roupas e que tem lavado as suas. Quando temos mais hóspedes contratamos moças na cidade. Antes, no tempo do pai de dona Eleonora, davam-se grandes festas. Mas agora nossa patroa vive mais retirada, não há mais festas aqui. A fazenda tem muitos empregados, meu pai e meus irmãos trabalham na lavoura.

— Dona Eleonora tem filhos? – indagou Ana, querendo saber mais sobre a pessoa que a empregara.

— Dona Eleonora é viúva há muito tempo. Tem duas filhas, uma freira e a outra casada, que mora longe daqui e que tem cinco filhos. Ela vem aqui raramente e só com os filhos, porque dona Eleonora está brigada com o genro. Esta fazenda era do pai dela, que ao morrer deixou para ela e o irmão, o sr. Eurico, que morreu no incêndio. O sr. Eurico era o pai do sr. Raimundo, e, como ele é filho único, isto tudo agora é dos dois. Mas quem cuida da administração da fazenda é dona Eleonora, porque o sr. Raimundo vem pouco aqui.

— O sr. Raimundo só tem Cirilo de filho?

— Só. A esposa dele morreu quando Cirilo era pequeno. Dizem que o sr. Raimundo tem muitas namoradas. dona Eleonora quer vê-lo casado novamente, mas ele só quer aproveitar a vida. Quando dona Eleonora morrer talvez vendam a propriedade, porque não terão quem cuide disto tudo.

— E a outra filha, a freira?

— Está no convento, e dizem que é meio louca. Não a conheço. Mas minha mãe, sim, porque era arrumadeira na época que dona Paula ainda morava aqui. Mamãe me contou que quando dona Paula era mocinha ficou doente e depois disto nunca mais melhorou. Minha mãe afirma que ela fez um aborto, mas foi escondido; ela soube juntamente com os outros empregados, porém evitaram comentar com medo de dona Eleonora. Ela era solteira e muito nova. Foi o dr. Bernardo quem cuidou dela. Quando sarou, passou a ter muito medo, dona Paula não ficava sozinha, dormia no quarto da mãe. Uma vez dona Eleonora teve que viajar e minha mãe foi dormir no quarto dela. Mamãe conta e se arrepia até hoje. Dormiam, quando, de madrugada, minha mãe acordou com dona Paula falando como se visse alguém à sua frente. Ela dizia: "Deixe-me em paz! Nada disto é verdade! Saia daqui!" Minha mãe levantou e correu para perto de dona Paula, esta a abraçou e chorou: "O que se passa com a menina?" – perguntou minha mãe curiosa. dona Paula falou confusa: "É esta Alice que não me deixa em paz! Vem sempre me dizer que não a deixei nascer e que me odeia por isto". "Quem é essa Alice?" – indagou minha mãe. "Uma antepassada da família". Minha mãe a acalmou e ela voltou a dormir. Achou que a jovem Paula estava louca mesmo. Onde já se viu não deixar nascer alguém que já morreu há tempo? Mas dona Paula pouco se alimentava, andava triste e chorosa. Um dia resolveu ir para o convento.

Sônia não parava de trabalhar, falava arrumando tudo. Ana, interessada, a escutava com atenção. Teve pena de Paula. Não era fácil ser perseguida por um fantasma. Ficaram em silêncio por uns minutos. Ana voltou a indagar:

— Você gosta daqui?

— Mais ou menos. Aqui tenho casa, comida e um pequeno

ordenado. Fico porque estou economizando para casar. Meu noivo, Gilberto, mora na cidade. Ele está proibido de vir aqui e por isto tenho que ir vê-lo na cidade.

— Proibido? Por quê?

— Todos na região sabem das assombrações desta casa. Gilberto é muito curioso, veio pedir permissão a dona Eleonora para ficar aqui e ver os fantasmas. Ela não gostou, e o expulsou daqui, proibindo-o de entrar na propriedade. Gilberto acabou intrigado com estas almas penadas e se juntou a um grupo espírita. Foi ótimo, agora ele entende tudo isto, e encara de forma mais natural, me diz que para tudo isto tem explicação. Eu não vou às reuniões, mas, quando casar e morar na cidade, quero ir, e entender estes fenômenos também. Quando for embora, sentirei falta dos fantasmas – Sônia riu e continuou: – Ana, esta noite, João, o jardineiro, viu na torre a bandeira branca. Queria tanto ter visto. Dizem por aí que, quando a criminosa voltasse à mansão, na torre apareceria a bandeira branca.

— Criminosa? – indagou Ana, preocupada.

— Esta história é passada de boca em boca. Foi uma antepassada da família que era uma empregada e que matou uma mulher, a esposa, para casar com o proprietário da mansão.

— Não, não é verdade! Ela não a matou!

Ana quase gritou, levantou-se da cadeira e, diante do susto de Sônia, entendeu que se excedera. Falou após alguns minutos encabulada:

— Desculpe-me se eu a assustei. Não sei se é criminosa, eu...

— Não precisa se desculpar. Acho que você se assustou foi com as vozes que ouviu esta noite. Deixemos para lá, se matou, não é problema nosso. Mas todos aqui dizem que ela foi criminosa. Falam também que ela voltará à mansão e, quando isto acontecer, aparecerá na torre a bandeira branca. E João viu esta noite a bandeira lá, esticada, balançando ao vento.

Ana ficou quieta, não sabia o porquê de ter defendido esta antepassada da família, mas sentia que ela não fora criminosa ou tão má quanto falavam. Estava nervosa, mas perguntou novamente:

— Como se chega à torre?

— É João, o jardineiro, quem cuida da torre. Bem, ele a

limpa umas duas vezes por ano. Eu já fui lá e nada achei de interessante. Acho que ninguém acha, não é visitada por ninguém, nem pelos fantasmas. Nunca foi visto nada por lá, somente ontem João viu a bandeira. Mas se quiser conhecê-la é só pedir a ele. A porta da torre dá para o jardim e fica trancada. João tem a chave. Dizem que tem uma entrada para ir lá de dentro da mansão, mas ninguém sabe onde fica ou se realmente existe.

Ana ficou inquieta, a bandeira branca a intrigava. Parecia que agora entendia o que diziam as vozes ou melhor uma das vozes. Era mais ou menos assim: "Voltou, criminosa? Voltou? Traidora! Conserta o que estragou!" Achando que ouvira histórias demais e isto a estava perturbando, despediu-se de Sônia, foi ao quarto de Cirilo sem tomar seu desjejum.

Dois dias se passaram sem novidades, uma chuva fria caía, o frio era intenso e Ana não se aventurou a sair.

No terceiro dia, o tempo melhorou e o Sol pareceu dar vida a tudo. Cirilo estava melhor. Na aula da tarde, Ana curiosa para ver a sala trancada comentou sobre ela para recordar o aluno que prometera levá-la até lá.

— Esta sala onde estão os retratos da família fica ao lado da sala principal?

— Fica sim. Minha tia a tranca e não gosta que alguém vá lá. Mas eu já fui, lá só tem retratos. Assim que der certo, levo-a lá, prometi e cumprirei.

— Por que trancam esta sala?

— É uma história estranha. Os empregados, Sônia, João e outros por aí, dizem que uma mulher que foi casada com um membro da família aprontou muitas coisas indignas e que ela voltará. Lá na sala tem o retrato dela, e ninguém pode ver como ela era para não reconhecê-la. Titia me disse que a tranca porque lá tem fantasmas, ela mesmo viu uma fisionomia de um quadro chorar. Titia é muito impressionada, detesta fantasmas, fica brava quando alguém pede para vê-los. Expulsou até o noivo da Sônia daqui. Esta sala está trancada e não é aberta para nada, nem para limpar. Lá é tudo sujo e empoeirado.

— Que diz seu pai disto tudo? Dos fantasmas?

— Ele ri, não acredita em nada. Não está nem aí com a

fazenda ou com a casa, é titia quem cuida de tudo. Papai acha que tudo isto e estas vozes que escutam são de brincadeira de alguém. Ele não gosta daqui.

— Ele também tem retrato lá?

— Não, tem só até meu avô. Meu pai acha tudo isto uma bobagem.

— Ciro, você conhece suas primas, as filhas de dona Eleonora?

— Uma vez estava aqui e a filha casada veio com os filhos passar uma temporada, eles são muito engraçados. Foi ótimo. A Paula, que está no convento, vi uma vez, quando titia me levou para visitá-la. Ela é triste, me agradou e eu gostei dela. Dizem que ela reza muito e que cuida de muitas crianças órfãs. Meu pai me disse que a namorou escondido e que ninguém ficou sabendo. Quando ele resolveu casar com minha mãe, ela foi para o convento. Dizem muitas coisas sobre ela, mas eu não acredito, ela me pareceu muito lúcida.

Terminando a aula, Ana foi para seu quarto e logo após chegou Sônia.

— Ana, o filho do jardineiro, Michel, pediu para chamá-la. Está esperando-a lá na garagem. Ele disse que a conheceu e quer falar com você.

— Claro, vou lá agora.

Desceu com Sônia, que foi para a cozinha, e Ana para a garagem. Michel, quando viu Ana, correu em sua direção e lhe deu um abraço.

— Ana, minha amiga, por que não veio mais me ver?

— Com o tempo chuvoso não saí. Mas como você está?

Bem. Também não saí muito.

— Michel, você me leva à gruta aqui perto? Quero conhecê-la.

— Levo-a sim, quando quiser ir me avise. Mas lá não é um lugar bonito. Fica no meio de um pequeno bosque e tem morcegos. Tem só um minúsculo altar de pedra e está mal cuidado. Ninguém gosta de ir lá, dizem que lá foi cometido um crime ou um suicídio.

— Conte-me esta história! Que mais sabe sobre a gruta? – perguntou Ana, curiosa.

— Foi um fato que aconteceu com uma mulher chamada Vitória. Uns dizem que ela se suicidou na gruta, de remorso por ter matado a esposa do sr. André. Outros dizem que ela foi morta pelo esposo, o sr. André, por ter-lhe sido infiel.

— Lá aparecem fantasmas?

— Nunca fiquei sabendo se aparecem. É só um lugar sem graça. Ninguém, depois de conhecer, volta lá.

— Você gosta das histórias que contam sobre a mansão?

— Não, só me interessei por esta – respondeu Michel, sério.

— Existem muitas histórias sobre esta Vitória – comentou Ana.

— É mesmo, até da bandeira branca. Meu pai viu outra noite a bandeira na torre. Dizem que quando esta Vitória voltasse aqui a bandeira apareceria nas noites de Lua cheia. No dia em que meu pai viu, estava nublado, mas era noite de Lua Cheia.

Os dois se calaram e suspiraram.

— Michel, você queria falar comigo?

— Bem, Ana, é que eu estou atrasado na escola, se você puder me ensinar...

— Será um prazer ensiná-lo, só que tem que ser à noite, após o jantar.

— Terá que ir à minha casa – falou Michel. — Me encontro com você aqui e a trago de volta. dona Eleonora não gosta que os moradores da fazenda entrem na mansão.

— Combinado, espero-o aqui.

— Obrigado, Ana.

Despediram-se e após o jantar Ana desceu para a garagem e lá estava seu pequeno amigo. A jovem olhou-o bem e sentiu que gostava muito dele. De mãos dadas foram para a casa do jardineiro que a recebeu bem. Ana logo foi dar uma olhada nos cadernos de Michel, viu que ele estava fraco em matemática e começou a lhe explicar a matéria.

Logo após Rodolfo entrou na casa, na sala onde eles estavam, e o coração de Ana bateu descompassadamente.

— Rodolfo veio atrás de Eliane, mas ela foi com o namorado para a cidade – Michel cochichou baixinho.

Rodolfo sentou-se numa cadeira ao lado de João e começaram a conversar. Ana irritou-se, como podia Rodolfo ficar assim atrás da sem-graça da Eliane. Ouvindo o moço perguntar por ela, respondeu atrevida:

— Eliane tem namorado, é feio incomodar uma moça comprometida.

Rodolfo não respondeu, mas ficou vermelho, despediu-se logo e saiu. Ana se chateou, terminou a explicação e despediu-se prometendo voltar todas as noites que fosse possível. Michel a acompanhou até a garagem. Ana viu a luz acesa na casa de Rodolfo e suspirou, aborrecida.

"Deve estar esperando por ela."

No seu quarto, pensou no que fizera e achou tudo muito estranho, não deveria ter provocado Rodolfo daquela maneira, parecia que tinha ciúmes dele. Adormeceu, aborrecida.

Capítulo 6

Excursionando com Cirilo

No outro dia, Ana acordou ainda de mau humor. Pensou em Rodolfo. Ele era feio, sem graça e sem instrução, mas sentia-se atraída por ele. Com raiva, teve certeza de que estava com ciúmes dele com Eliane. Levantou-se e se arrumou para a aula. Logo que cumprimentou Cirilo, este lhe disse:

— Ana, titia foi à cidade e Sônia foi junto. Se quiser, podemos visitar a sala trancada.

— Agora? E a aula?

— Ora, quem vai saber se ficamos ou não estudando. Temos que aproveitar esta oportunidade. Titia pode demorar a sair novamente.

— Está bem, vamos.

Ana, curiosa para ver os retratos, também achou que era uma ótima oportunidade. Desceram cautelosos, ela, um pouco cismada, o menino, contente, para ele era uma aventura. Ciro levava uma lanterna muito bonita e moderna.

— Tenho duas destas – explicou ele a Ana –, ganhei de presente.

Logo chegaram diante da sala. Cirilo pegou um vaso grande com pinturas exóticas, um objeto muito bonito que estava numa mesinha ao lado da porta. Ana o ajudou, o vaso era pesado. O garoto virou o fundo do vaso duas vezes para a esquerda e uma para a direita, a parte inferior abriu e uma chave apareceu na mão do garoto que sorriu feliz.

— Que idéia genial! Quando alguém iria procurar algo aqui. Se papai não me contasse... – falou Cirilo, rindo.

— Abriram a porta. Estava escuro e Cirilo acendeu a lanterna. Entraram e ele fechou a porta.

— Não podemos abrir nenhuma janela. Alguém pode ver e saberá que estamos aqui.

— Na sala havia poucos móveis, cobertos com tecidos que deveriam ter sido brancos, mas pareciam beges de tanto pó. Os quadros estavam em seqüência nas paredes.

— Venha, é por aqui que começa – falou Cirilo, puxando-a pela mão.

Havia teias de aranha nos quadros, mas eles estavam bem visíveis. As fisionomias retratadas eram quase todas sérias e com trajes de época, homens quase todos com barbas e as mulheres com muitas jóias.

— Este aqui – disse Cirilo servindo de cicerone – foi o iniciador da fortuna da família. Veio da Europa para o Brasil, aqui casou e comprou parte destas terras. Este, dizem ter sido louco, um tarado. Sua mãe o manteve prisioneiro na prisão da mansão. Mas ninguém sabe onde é esta prisão, ou dizem que não sabem.

— Eu sei! – exclamou Ana, quase sem querer.

— Como sabe?

Cirilo parou de andar e iluminou o rosto de Ana que fechou os olhos tentando cobrir com a mão.

— Bem... Não foi por xeretice que descobri. Achei-a por acaso. Estava na biblioteca, ao mexer num livro, uma porta abriu. Não entrei lá dentro, mas deu para perceber que era uma passagem secreta e tudo indica que talvez por lá tenha uma prisão. Mas continue. Que foi feito dele?

— Morreu! Dizem que matava moças e que, quando matou uma prima dele, sua mãe o colocou na prisão de onde nunca mais saiu. Quero ir lá à tarde. Você vai comigo?

— Não, eu... – Ana ficou indecisa.

— Você é minha empregada e eu resolvi que iremos. Desculpe-me, Ana, por favor me mostre como se abre a passagem secreta e vem comigo excursionar por ela. Titia só volta à noite. Eu estou lhe mostrando esta sala!

— Está bem. Mas posso ser despedida se...

— Ninguém saberá – interrompeu Cirilo que voltou a iluminar os quadros. – Veja, Ana, este é meu herói. Chamava-se Artur, aumentou a fortuna da família e construiu esta mansão, dizem que foi muito ambicioso, eu o admiro. Repare como me pareço com ele, se eu tivesse barba ia parecer mais ainda. Observe os olhos. Você não acha?

— É verdade – respondeu Ana, achando realmente semelhança entre eles.

— Gostaria de ter sido ele, que vida feliz este Artur teve, jogos e espertezas.

— Como sabe?

— Calculo – respondeu Cirilo, simplesmente.

E assim passaram por muitos retratos até que...

— Esta é a traidora, a assombração de que titia tem medo, a que viu quando moça.

Ana olhou o retrato. Lá estava ela, ou sentiu ser ela, com traje à moda antiga, muitas jóias e a flertar descaradamente com o pintor.

— Ana, você está se sentindo mal? Puxa, como você se parece com ela! Impressionante!

A jovem percebeu que ia perder os sentidos, mas a voz de Cirilo a chamou à realidade, tentou sorrir.

— É, pode ser. Quem era o marido dela que a matou?

— Este! Chamava-se André! Foi casado três vezes. Esta é a primeira esposa, a que dizem ter sido assassinada por Vitória. E esta é a terceira esposa, a Venina.

— Vitória não matou ninguém – Ana falou de mau humor. — André teve filhos?

— Sim, um com a primeira esposa, Luiz, que morreu jovem e de maneira misteriosa. Com a terceira teve dois, sendo que um deles é o pai de tia Eleonora, meu bisavô. É este aqui, simpático não é?

— Vitória não teve filhos?

— Não, falam que ela amava Luiz como se fosse filho dela. Luiz é este aqui.

Ana olhou bem e teve a impressão que ele parecia com alguém. Ou melhor, sentia que o conhecia e que ele estaria agora perto dela, não como alma que vagava, mas como ela e que era amigo.

Quase todas as pessoas da família eram retratadas duas vezes, uma quando jovem e, se vivesse muito, a outra em idade avançada. Luiz e as três esposas de André foram retratados somente quando jovens.

— Este André é o casamenteiro da família. Comenta-se que se apaixonou por Vitória quando estava casado, que sua esposa era doente e que, quando ela morreu, se casou com Vitória. Dizem que esta o traiu e ele a matou, ou que foi o amante dela quem a assassinou ou que ela se suicidou. Não se tem certeza do que ocorreu realmente. Então ele se casou novamente, mas dizem que se tornou triste e ranzinza.

Ana escutava o que Cirilo falava com atenção. Mas estava fascinada pelo retrato de André, que achou parecidíssimo com Rodolfo, mas não comentou nada. "Talvez" – pensou – "seja só impressão. André não tinha cicatriz, era orgulhoso e prepotente, tanto no retrato jovem como no idoso".

A jovem professora novamente olhou para o retrato de Vitória, parecia-se mesmo com ela, era aquela imagem que vira no sonho, refletida no espelho.

— Vamos – chamou Cirilo.

Puseram tudo no lugar, fecharam a porta e guardaram a chave. Ana acompanhou-o até o seu quarto.

— Não quero ter aula hoje, estou cansado, quero descansar para a excursão de hoje à tarde.

Ana foi para seu quarto e ficou pensando nos retratos. Escutando o barulho de cavalos, abriu a janela e olhou para baixo. Viu Rodolfo puxando um belo animal, olhou para ele fixamente.

"É parecidíssimo com André!"

Rodolfo, sentindo-se observado, olhou para cima. Ao vê-la acenou a mão, cumprimentando-a e entrou na estrebaria.

"Ele não se interessa por mim!"

Fechou a janela, irritada. Também, por que iria querer Rodolfo, um cocheiro, um motorista sem instrução?

"Acho que não estou gostando mais desta casa!"

Resolveu descansar até a hora do almoço, porque, depois, iria com seu aluno visitar a passagem secreta da mansão.

Almoçou sem vontade e, logo após, foi com o coração batendo rápido ao quarto de Cirilo. Este já a esperava todo eufórico. Estava com uma corda nos ombros, uma faca na cintura e com as duas lanternas. Ana, ao vê-lo, sorriu.

— É necessário estarmos preparados – explicou o garoto.

Desceram a escada devagar, não se ouvia barulho nenhum na casa. Entraram na biblioteca e Cirilo trancou a porta por dentro.

— Assim, evitaremos que alguém entre aqui. Agora, Ana, me mostre como se abre a passagem.

Ela foi até a estante.

— É este livro aqui – mostrou. – Olhe como se faz, vire para a esquerda, depois duas para a direita e após empurre-o para trás.

— É complicado! Espere que vou tomar nota – falou Cirilo, tirando um caderninho do bolso. – Preciso anotar tudo, talvez encontremos mais passagens secretas pela casa. É incrível você ter descoberto isto, ainda mais num livro de Latim. O que você queria num livro de Latim?

Ana não respondeu. Os dois pararam maravilhados quando viram a estante se abrir.

— Vamos nos dar as mãos e não as largaremos para nada, assim não nos perderemos um do outro. Pegue você uma lanterna e eu a outra – disse Cirilo todo excitado com a excursão que fariam.

A passagem dava para um pequeno quadrado e depois para uma escada. Desceram vinte degraus. O local estava úmido e frio e à medida que desciam sentiam o ar carregado. Ali não estava muito sujo e havia poucas teias de aranha. A escada era estreita, mas cabia os dois que seguravam as mãos fortemente.

Chegaram a um outro quadrado, ou um pequeno cômodo, onde havia duas passagens que davam para dois corredores.

— Vamos por este aqui – disse Ana, lembrando do sonho que a levou à gruta.

— Não, vamos por este! – exclamou Cirilo, resoluto.

As paredes daquele subsolo eram de pedras e nada havia nelas. Entraram num corredor estreito e baixo. Não precisavam se abaixar, mas alguém de estatura maior, certamente, necessitaria. Após uns passos, viram portas de madeiras de ambos os lados.

Cirilo, eufórico, como se descobrisse uma nova brincadeira, forçou a primeira porta e ela abriu. Ana arrepiou-se. Iluminaram lá dentro. Era um cômodo quadrado com resto de palhas num canto e um banco de madeira no outro. Não tendo nada de interessante, Cirilo fechou a porta que fez um barulho que pareceu enorme diante do silêncio que reinava. Só se ouvia a respiração dos dois excursionistas aventureiros.

Cirilo forçou a porta do outro lado, abriram sem dificuldades, era igual a outra e nada havia dentro do cômodo. Eram quatro portas, aproximaram-se de outra, mas esta não abriu, o menino a iluminou e viu um ferrolho.

— Vamos, Ana, abra! Força! – disse Cirilo pegando a lanterna de sua mão.

Ana fez força e o ferrolho cedeu, empurrou a porta. Iluminaram o ambiente e a jovem segurou para não gritar. No meio do compartimento havia um esqueleto. Poucas roupas o cobriam, mas demonstrava ter sido um homem. Cirilo entrou e ia mexer, ela não deixou.

— Não, Ciro, não mexa! Vamos embora daqui!

— Ora, Ana, é só um esqueleto! Devem ser os ossos do tarado que a mãe prendeu.

— Ave Maria! Também preso aqui só pode ter morrido! Ninguém viveria muito aqui. Que horror! Quero voltar!

— Não! Agora que estamos aqui, olharemos tudo.

Tentou abrir a outra porta.

— Vamos, Ana, abra!

Ela tentou e não conseguiu.

— Está trancada – disse, ofegante.

— Tem alguém aí dentro! – Cirilo bateu na porta.

— Que idéia, Ciro. Como pode ter alguém aí?

— Que pena que esteja trancada. Talvez tenha outros esqueletos ou fantasmas.

— Estou com medo – balbuciou Ana, toda trêmula.

— Ora – falou o menino, autoritário –, não banque a garota medrosa. Não sabe que fantasmas não ficam presos? Agora, vamos por ali.

Seguiram por um corredor que terminava em triângulo e cada lado tinha uma passagem.

— Vamos ver o que existe na primeira – propôs Cirilo.
— Puxa, aqui é maior que eu pensava.

Entraram na primeira à esquerda onde havia outro corredor; logo viram uma porta aberta, olharam, era um cômodo pequeno e estava vazio. Seguiram pelo corredor e acharam uma porta no final do lado direito, abriram com facilidade e defrontaram-se com um cômodo retangular, com uma mesa e algumas cadeiras velhas. Cirilo colocou o pé numa delas e ela caiu desmoronando.

— Aqui deveria ser um local de reuniões secretas – comentou o menino, um pouco cansado.

A falta de ar puro estava prejudicando o garoto. Ana preocupou-se, estava com medo. Pensou ao ver a sala: "A mansão é tão grande! Necessitaria de uma sala para reuniões aqui embaixo?"

— Vamos por aqui!

Voltaram para as entradas do triângulo e entraram em outra passagem.

— Ciro, por favor, vamos voltar.

Mas o garoto não lhe deu atenção e seguiram em frente. Deram com outro corredor, só que este era bem estreito. Depois de ter dado alguns passos, pararam, o ar estava ficando irrespirável.

— Você tem razão, Ana. É melhor voltar. Um outro dia voltaremos mais preparados.

Ana mais que depressa virou, segurava a mão de Cirilo com força, andaram um pouco e de repente viram duas portas que antes não haviam percebido ou então não estavam seguindo pelo caminho já percorrido.

— E agora? – perguntou o menino, com medo.

Pela primeira vez o garoto se assustou e Ana estremeceu. O que fariam se se perdessem? Ninguém iria procurá-los ali. E se a porta da biblioteca fechasse? Morreriam em poucas horas. Cirilo era um garoto, mas ela era adulta e deveria ter sido mais responsável. Não deveriam ter entrado ali, embora tivesse pensado que deveria ser pequeno, estava muito assustada.

— Mamãe mandou seguir por esta daqui!

Cirilo apontava uma porta e outra conforme dizia a frase costumeira entre brincadeiras de criança. Apontou a da esquerda, abriram fácil e passaram por ela.

— Graças a Deus! – exclamou a jovem professora, aliviada. – É a do corredor das prisões!

Percebeu então que ali era uma espécie de labirinto, que um corredor se comunicava com o outro.

— Portas parecidas, corredores iguais! Bem interessante! – comentou Cirilo também aliviado.

Andaram rápido para a saída. O menino ofegava cada vez mais e Ana teve que ampará-lo. Chegaram à escada. Ana ainda olhou para o outro corredor, lembrou-se do seu sonho e teve a certeza de que ele ia dar na gruta. Não disse nada e teve de ajudar Cirilo a subir as escadas. Rogou a Deus aflita para que a porta continuasse aberta. Suspirou aliviada quando viu a claridade.

— Obrigado, meu Deus! – exclamaram os dois juntos.

Saíram da passagem secreta e respiraram contentes quando puseram os pés na biblioteca. Cirilo ia sentar-se.

— Não, Ciro. Você está sujo, se sentar sujará a poltrona. Estamos empoeirados. Vou fechar a passagem e levá-lo para seu quarto.

O menino ficou em pé esperando. Ana fechou a passagem e limpou as marcas que seus calçados empoeirados deixaram no tapete. Saíram, Ana sempre ajudando Cirilo. Foram para o quarto dele.

— Tome um banho, Ciro. Ajudo você.

Ajudou o menino a tirar as roupas, ele ficou só com as peças íntimas e foi para o banheiro. Ana sacudiu as roupas do garoto na janela, limpou-as um pouco e as colocou no cesto de roupas sujas. Também limpou o sapato dele.

Cirilo saiu do banho e ela o ajudou a vestir-se. Ao vê-lo só de roupas íntimas, reparou que ele tinha manchas vermelhas nos braços, costas e pescoço. Prestando mais atenção, notou que suas orelhas estavam levemente inchadas como também o nariz.

Instintivamente Ana passou a unha nas costas dele e Cirilo pareceu não notar, não sentir. O garoto pôs um roupão.

— Sinto-me cansado, Ana, vou descansar. Vá para seu quarto e tome um banho também, antes que alguém a veja e tenha que dar explicações. Você está branca. Ficou com medo. Eu achei a excursão legal. Sabia que não íamos nos perder. Parece que ao entrar lá tudo me era familiar, como se fosse eu quem tivesse planejado e construído aquele labirinto. É que tenho o sangue da família nas veias. E você, Ana, gostou do passeio?

— Sim! Não! Não sei! Até amanhã!

Saiu rápido e foi para seu quarto. A mansão estava silenciosa. Fez a mesma limpeza com suas roupas e tomou um banho. Sentia sua cabeça arder, eram muitas coisas a lhe perturbar: a passagem, o quadro e a doença de Cirilo. Só lhe disseram que o garoto era doente, mas não falaram que doença ele tinha.

"Será hanseníase? Só pode ser" – pensou aflita, recordando que uma vez estudara sobre o Mal de Hansen na escola.

"Na biblioteca deve ter livros sobre o assunto, mas ir lá novamente..." – falou baixinho.

Mas foi, desceu e entrou na biblioteca. Ao olhar para a estante que dava para a passagem do labirinto do porão, arrepiou-se. Procurou nas estantes na parte de Ciências. Achou um livro novo, pegou e folheou-o, notou uma página marcada por um pedaço de papel branco. Estava marcada bem no capítulo sobre a doença que viera pesquisar.

"Alguém deve ter pesquisado recentemente sobre a mesma doença. Talvez dona Eleonora."

Leu o capítulo com atenção. Os sinais da doença, o começo, o tratamento, os perigos do contágio. Não teve mais dúvidas, Cirilo era um hanseniano.[1]

Voltou ao seu quarto muito triste e ficou a pensar em tudo.

---

[1] Até nos dias de hoje, a hanseníase, conhecida mais como lepra, dá temor às pessoas. Porém, nos dias atuais ela tem cura. Mas, quando se passaram os acontecimentos que narro, ainda trazia muitas preocupações e medos. – N.A.E.

Capítulo 7

A Torre

Ana estava distraída. Quando ouviu Michel chamá-la, correu e abriu a janela.

— Oi, Michel!

— Oi, Ana! Rodolfo veio da cidade e trouxe cartas para você. Como Sônia não está, não quer vir buscá-las?

— Claro, desço já.

Michel a esperava na garagem e foram alegres para a casa de Rodolfo. No caminho, Ana perguntou:

— Amanhã você me leva à gruta?

— Tem que ser durante o dia, lá existem morcegos.

— Amanhã é domingo e meu dia de folga. Espero-o aqui, logo após o almoço, mas não conte a ninguém, é nosso segredo.

– Rodolfo! – gritou Michel, em frente à casa dele. – Ana veio buscar as cartas.

Rodolfo abriu a porta e Ana entrou sem ser convidada. Queria ver como era a casa dele. Era simples como a de Michel, uma sala, dois quartos pequenos e da sala onde estava se via a cozinha. A sala estava mobiliada com uma mesa e quatro cadeiras. Rodolfo, vendo-a examinando tudo, insinuou:

— Gostou da casa? Não está achando pequena?

— Minha casa também é pequena. Moro agora na mansão, mas sou uma empregada. Você cozinha aqui?

— Não, tomo minhas refeições na mansão, na cozinha, é claro. Não quer sentar? Aqui estão suas cartas.

A moça pegou e as olhou, uma era de seu irmão e a outra de sua mãe. Com vontade de lê-las, agradeceu e despediu-se. Voltou rápido para seu quarto.

Abriu a carta do irmão com muita saudade, era uma missiva simples e carinhosa. Dizia que ia seguir a carreira militar, ficaria no exército e que estava namorando uma moça por quem estava apaixonado.

"Meu irmão está tão longe! Não voltará mais para casa" – pensou Ana, com vontade de chorar.

Ao pegar a carta de sua mãe, leu no verso que o endereço não era o de sua casa. Apreensiva abriu a carta. Era bem longa, sua mãe explicava que se separara de seu pai, que a casa fora desfeita, e o pai estava morando na pensão do tio Pedro. Esta pensão localizava-se no bairro em que moravam, era perto de sua antiga casa. E que ela, sua mãe, foi morar num pequeno apartamento com uma amiga.

Ana chorou sentida. Sentia-se agora sem lar, com sua casa desfeita. Seu irmão longe, o pai morando numa pensão, a mãe com uma amiga, não tinha lugar para ela com nenhum dos dois. Sentiu-se muito sozinha. Queria ir embora. A mansão com seus mistérios a assustava, tinha medo e não queria mais ficar ali. Gostava dos dois garotos Michel e Cirilo. Sentia-se atraída por Rodolfo, um homem estranho. dona Eleonora a tratava como empregada. As visões que teve desde que chegou a estavam perturbando e temia ficar louca. A semelhança dela com Vitória que morrera há tanto tempo, a sua descoberta da passagem secreta, o esqueleto na cela. Tudo isto era motivo, o bastante, para querer ir embora. Ainda mais agora que descobrira que a doença do seu aluno era uma doença contagiosa. Certamente Cirilo ignorava a doença que tinha e seus parentes o escondiam naquela mansão isolada, para não ter que ir a um hospital próprio. Ana sentiu pena do garoto, mas temia o contágio. "E se ficar doente? Não tenho um lugar para me isolar e irei com certeza para um hospital. Mas" – pensou também – "o contágio não se dá assim tão fácil".

Chorou até se tranqüilizar, mas continuou a pensar. Queria ir embora e não tinha para onde ir e nem dinheiro. O contrato que assinara tinha uma cláusula que estava bem clara: se desistisse não receberia nada. E ainda faltavam alguns dias para vencer o primeiro mês, quando receberia um pequeno vale. Seu ordenado seria integral só no final do sexto mês.

Escreveu para Gilson, procurando contar as coisas boas, não queria preocupar o irmão. Escreveu também para o pai, sabia o endereço da pensão. Preferiu fazer mais perguntas do que falar de si mesma. Porém, queria saber mesmo como ele estava e como ia no trabalho. Para a mãe, perguntou para onde ela iria ou moraria quando voltasse a sua cidade. Disse que estava estranhando e que se sentia sozinha.

Ia deitar, quando Elizete veio chamá-la. Cirilo não estava bem e dona Eleonora não havia chegado. Ela tinha que cuidar da cozinha e não podia lhe fazer companhia. Ana, sentindo-se culpada por ter ido com ele às excursões durante o dia, correu para o quarto do garoto. Encontrou-o ofegante.

— Não tenho nada grave, Ana. É só uma pequena falta de ar. Não se preocupe.

Tomou a temperatura dele, suspirou aliviada, estava normal.

— Que posso fazer para ajudá-lo? Você já tomou seu remédio?

— Sim, já tomei.

— Ficarei aqui, fazendo-lhe companhia.

Cirilo ficou quieto e Ana sentou-se perto de seu leito. Depois de uns trinta minutos, dona Eleonora entrou no quarto com dr. Bernardo.

— Cirilo, o que aconteceu? – indagou dona Eleonora. Ao ver a jovem professora perguntou dirigindo-se a ela: – Que faz aqui?

— Estou fazendo companhia...

Ana falou encabulada, mas sua patroa não deixou que terminasse a explicação e a interrompeu:

— Obrigada! – e virando para o senhor que a acompanhava disse: — Esta jovem é Ana Elizabeth, a professora do Cirilo. E este é o dr. Bernardo.

— Prazer! – disse Ana, com simplicidade.

— Prazer! – falou dr. Bernardo, sorrindo.

— Agora me diga, Cirilo – indagou dona Eleonora –, que fez para ter outra crise?

— Nada, titia, nada. Ana pode confirmar, estudamos o dia todo e foi à noite que comecei a me sentir mal. Tomei os remédios direitinho.

— Vou examiná-lo – disse dr. Bernardo, olhando para Ana que se sentiu analisada.

— Pode ir agora, Ana Elizabeth, obrigada e boa-noite – disse a dona da mansão abrindo a porta do quarto. – Agora, cuidarei do meu sobrinho.

— Boa-noite! – respondeu a moça.

Ana voltou rápido para seu quarto, sentiu medo e solidão, chorou novamente até dormir. Sonhou... Ao acordar lembrou nitidamente do sonho como se tivesse acontecido realmente.

Sonhou que levantou de sua cama, pôs um roupão, saiu do quarto e entrou na torre.(1) Passou pelas portas fechadas com facilidade. Viu bem a entrada, a escada e por ela subiu. No primeiro andar havia, como em todos, uma abertura dando visão para o lado de fora, não tinha móvel nenhum na torre. Subiu mais e viu um facho de ferro, que servia antigamente para iluminar, mas, forçando-o para baixo, a parede de pedra abria e por uma escada levava a uma porta do outro lado da torre. Uma passagem para fuga. Continuou a subir as escadas. De um andar para outro havia sempre uma sala, mas Ana não prestou atenção, subiu rápido. No topo olhou para a abertura, tudo escuro. Lembrou que dali se via grande parte da propriedade. Voltou, começou a descer, de repente levou um susto. Encostado na parede estava um homem olhando-a.

"Voltou finalmente! Voltou Vitória!"

Ana sentiu medo, ali estava Rodolfo, mas sabia que era o outro, André, que falou novamente com tom raivoso:(2)

"Vim ver se a bandeira branca está aí. Veio ver a mesma coisa? Matei você uma vez e não me faça matá-la outra vez."

"Sou inocente!" – conseguiu dizer a moça, com dificuldade.

"Ah! Ah! Ah!" – gargalhou ele. "Inocente? Aqui mesmo você me jurou que era inocente e não era. Você me traiu! Lembra-se, ingrata? Aquele dia segui você e a encontrei sozinha. Você me jurou que era inocente. Mas esqueci da passagem secreta.

(1) Ana, ao ter o corpo adormecido, saiu em espírito e excursionou pela torre.

(2) Rodolfo estava ali em espírito, seu corpo adormecido estava no seu leito. Em alguns casos, a pessoa que sai do corpo assim pode lembrar sua existência passada, como aconteceu com Rodolfo. - N.A.E.

Ele bem que poderia ter saído por ela quando viu que eu me aproximava. Com seu esconderijo descoberto, você escolheu a gruta para encontrar-se com ele. Quem era ele? Quem? Nunca soube. Na gruta naquele dia, eu o vi correr. Como pôde me trair de forma tão vil? Eu que tirei você da lama."

"Nunca estive na lama" – disse ela se defendendo. "Eu era simples empregada, eu..."

"Cuidava de minha esposa e eu me enamorei de você. Apaixonei-me de tal forma que, quando ela morreu, casei com você."

"E todos pensaram e pensam até hoje que fui eu que matei sua primeira esposa. Mas não matei ninguém."

"Oh! Como não? Você nos desgraçou. Prejudicou Luiz que sofreu por você, que a amava como sua segunda mãe. Você me fez matar minha esposa, mãe do meu filho Luiz."

"Então, ela morreu mesmo assassinada?" – indagou Ana, assustada.

"Estava doente, ia morrer mesmo. Dei-lhe remédio a mais, isto para casar com você."

"Assassino!"

"Sim, fui um assassino! Nunca fui feliz! Nem antes nem agora. Meu crime não me trouxe felicidade, mas sim me tirou a paz. E vê como estou agora, sou feio, aleijado, empregado onde fui senhor. Você é a culpada! Diga-me com quem me traiu. Diga! Vasculhei tudo, suspeitei dos empregados, até dos escravos, dos vizinhos. Porém, não descobri nada. Diga agora com quem me traiu! Diga!"

Rodolfo ficou mais feio com a cicatriz no rosto e com a expressão de ódio, veio para o lado dela, pegou-a pelos braços e a sacudiu.

Ana acordou com medo e com Luiz no pensamento.

"Meu Deus, Vitória traiu o marido com seu enteado. Era o Luiz o amante dela! Virgem Maria! Mas o que eu tenho a ver com esta história? Será que sonhei com os fatos que aconteceram nesta mansão? Por que sentia que era Vitória, e Rodolfo, este André?"

No seu desjejum, Ana encontrou-se com Sônia, que lhe sugeriu:

— Por que você não vai à vila? Nossa cidadezinha é bonita. Peça a Rodolfo para levá-la.

"Não tenho vontade de ir à vila, mas, se Rodolfo me levasse, até que iria" – pensou.

Tomou seu café e saiu para o jardim, procurou pelo jardineiro e o encontrou remexendo num canteiro.

— Bom-dia, João. Até aos domingos você cuida do jardim?

— Vim só plantar estas mudinhas. Gosto muito deste jardim, é um prazer ficar aqui.

— Ele é muito bonito, você está de parabéns. Demonstra que é um ótimo jardineiro.

— Obrigado – respondeu João, sorrindo contente com o elogio.

— João, gostaria de conhecer a torre.

— Vou buscar a chave, já volto.

Ana olhou para a torre e pareceu ver a bandeira branca. Fixou o olhar, porém nada mais viu. Chegou perto da torre, andando devagar, deu uma volta em seu redor. Viu outra porta pequena do outro lado, quase que escondida. Forçou para abri-la, mas estava trancada. Foi ali que João a encontrou.

— Que faz aqui do lado de trás?

— Estava olhando. É por aqui que se entra?

— Não – respondeu o jardineiro. – Esta é a outra entrada para a torre ou uma saída. É a única passagem secreta que se conhece da casa. Esta entrada dá para uma escada e a porta é de pedra; na parede, abre por um controle. Venha, abro a torre para a senhorita.

— João, e a bandeira branca, você a viu? Como é esta história? Conte para mim.

— Olhe ali – disse, mostrando uma armação de ferro para bandeiras e no momento sem nenhuma –, é lá que aparece e desaparece. Esta história é bem antiga. Um dos proprietários desta casa, chamado André, matou a sua segunda esposa que o traía. Dizem que esta mulher, Vitória, a segunda esposa, matou a primeira mulher deste André. Acho que estes espíritos não tiveram sossego. Uma tia de André mexia com bruxaria e disse que todos desta trama voltariam a esta casa para se entender. E que, quando os três se reunissem, aqui apareceria a bandeira branca e estes espíritos teriam paz.

— Três? – indagou Ana. — Que três?

— sr. André, dona Vitória e seu amante. Se o terceiro não for o amante, deve ser a primeira esposa, a que foi assassinada. Pronto, a porta está aberta. Quer que eu suba com a senhorita?

— Não, obrigada. Vou sozinha.

Ana estremeceu ao ver as escadas, era tal como vira no seu sonho. Tentando tranqüilizar-se, pensou:

"Tudo bobagem, todas as torres são iguais. Já vi muitas gravuras de torres."

Chegou ao primeiro andar, olhou pela abertura, avistou o jardim. João olhou para cima e sorriu, a moça correspondeu, afastou-se e tornou a subir. Deparou com o local do seu sonho, só que tudo lhe pareceu mais velho, gasto, mas era igual.

Continuou até chegar ao topo, olhou pela abertura, avistou o bosque, as plantações, a estrada, a vista dali era muito bonita.

"Ninguém sabe quem foi o amante da Vitória, eu sei... Era o seu enteado Luiz. Como Vitória pôde trair o marido com o filho dele? Ele era garoto ainda, saindo da adolescência." – suspirou triste. "Por que eu tenho todas essas visões? Estes sonhos estranhos e sinto-me atraída por um simples empregado braçal? Não sou preconceituosa, mas Rodolfo é feio, aleijado, sem instrução e, além disto, não me dá atenção, parece que sente repulsa por mim. Por que eu estou passando por tudo isto?" – falou baixinho consigo mesma.

Desceu, triste. Ao chegar ao andar em que no sonho conversava com Rodolfo, ou André, parou e teve vontade de ver se realmente era ali a passagem secreta; puxou com força o archote preso na parede. A porta de pedra abriu e surgiu uma escada à sua frente.

"Aqui está ela, sei também que tanto se pode ir e sair pela porta que vi do outro lado, como também há no meio da escada outra abertura que leva ao labirinto, podendo sair na gruta ou na biblioteca. A outra abertura se obtém também por um archote na parede. E por que sei disto?"

Puxou o archote novamente, a abertura fechou e ela desceu apressada. Fechou a porta da torre e levou a chave para João.

— Obrigada, João.

— Gostou da torre? – indagou o jardineiro, gentil.

— Hum, sim – respondeu indecisa e saiu apressada.

Estava ainda no jardim quando encontrou Michel.

— Ana, ontem fiquei esperando-a para a aula. Por que você não veio? Rodolfo também estava lá em casa.

"Rodolfo lá na casa dele" – pensou. "Era só por causa da Eliane."

— Ontem não estava bem, resolvi responder as cartas que recebi, depois tive de fazer companhia a Cirilo que está doente. Mas amanhã irei.

— Você está abatida. Está doente?

— Não estou doente, estava só com um pouco de dor de cabeça.

— À tarde, se quiser, levo-a à gruta, hoje o dia está bonito para passear por lá – convidou Michel, carinhosamente.

Ana pensou, com tristeza, que antes queria muito conhecer a gruta, mas agora não estava muito entusiasmada, deveria ser como no seu sonho, como foi na torre. Mas ficar no quarto, ou ler, não a estava entusiasmando. Passear poderia ser agradável. Depois, gostava muito daquele garoto.

— Combinado, às quatorze horas desço. Certo?

— Certo.

Ana voltou para seu quarto. Estava com muita vontade de ir embora. Mas para onde? Para a pensão onde seu pai estava? Com sua mãe? Nenhum dos dois tinha como recebê-la. Não tinha para onde ir e nem dinheiro. "A culpa de estar nesta dificuldade" – pensou a moça – "é dos meus pais. Se eles se preocupassem comigo, não teriam deixado que aceitasse um emprego tão longe e entre pessoas desconhecidas". Segurou as lágrimas e pegou um livro para ler. Procurou prestar atenção na leitura, mas ficou pensando nos acontecimentos desde que chegou à Mansão da Pedra Torta.

Suspirou aliviada. Quando viu que era hora do almoço, desceu, mas alimentou-se pouco. Escutou vozes na outra sala, era dona Eleonora e o médico que conversavam. Não estava com vontade de subir ao seu quarto, desceu para o pátio e quase que instintivamente foi para a estrebaria.

Entrou sem bater e viu Rodolfo escovando um cavalo.

— Bom dia! – disse a moça.

— Boa tarde! – respondeu ele, corrigindo-a.

Ana ficou vermelha e encabulada. Rodolfo virou e olhou para ela.

— Que faz aqui?

— Estou passeando.

— O garoto Cirilo está doente?

— Está sim. Não é estranho um garoto ficar tão doente? – falou ela, tentando saber se ele tinha conhecimento da doença dele.

— Não é só pobre que fica doente.

— Você sabe que doença ele tem?

— Não – respondeu o rapaz, secamente.

— Muito bonito este cavalo. Qual o nome dele?

— Você vai ficar aqui me olhando? Tenho muito o que fazer.

— Mal-educado!

Ana corou novamente, ia sair, mas Rodolfo largou a escova, virou-se para ela e disse baixinho:

— Desculpe-me, Ana, não costumo ser assim. É que você me dá uma sensação estranha, de traição. Algo me adverte que você é uma traidora. Que você me fará sofrer muito. Não sei explicar tudo isso, desculpe-me. Você é tão linda!

Rodolfo chegou perto dela, Ana ficou olhando-o parada. Ele a enlaçou com seus braços fortes e a beijou na boca. Ela estremeceu, porém o rapaz a largou e pegou novamente a escova.

— Perdoe-me, sou um grosseirão.

Ana não conseguiu dizer nada, seus lábios queimavam, saiu apressada da estrebaria.

"Amo-o! Meu Deus, eu o amo!" – pensou, aflita.

— Ana! – exclamou Michel. – Desceu mais cedo! Que bom! Se quiser podemos ir.

O garoto pegou na mão da moça e foi falando alegre sem parar. Atravessaram o pátio. Michel abriu um enorme portão e entraram no bosque.

— Aqui é bonito, na primavera tem muitas flores. Este lugar se chama Bosque do Sossego. Aqui vem só o pessoal da mansão, quer dizer, ninguém.

Ana gostou de andar por entre as árvores, o lugar era lindo e tranqüilo; não haviam andado muito quando o garoto exclamou:

— A gruta é aqui, Ana. Veja!

Ela olhou e sentiu um arrepio. Era um buraco aberto na rocha. Entraram e deram com um salão, não era grande e não tinha, como Michel já lhe dissera, nada de especial. Num canto um altar de pedra com a imagem de uma santa. Ana, porém, recordou de tudo.

"É a imagem de Nossa sra. do Rosário" – observou, distraída.

Examinou o altar e viu a pedra que, se levantada, iria para a passagem secreta, mas não disse nada.

— Ana, aqui tem uma ramificação, mas é pequena e só tem morcegos.

E ele mostrou um buraco à esquerda onde mal cabia uma pessoa deitada.

— Só tem esta?

— Só. Não lhe disse que nada tinha de especial?

— É...

Ana começou a chorar, aquele lugar era triste, deprimente e lhe causava arrepios.

— Por que está chorando? – perguntou o menino, carinhosamente.

— É que estou com saudades da minha família – respondeu, encabulada.

— Ah, pensei que era pela gruta! Não gosto daqui. Aqui parece um local de encontros secretos, de crimes e maldades. Uma vez, estava passeando pelo bosque e fui surpreendido por uma tempestade e me abriguei aqui. Foi me dando uma sensação esquisita. Parecia que eu já estivera aqui com uma mulher bonita, mas não era assim menino, mas moço. Estávamos nos beijando quando um barulho me fez correr para um buraco, mas parece que não era este, era outro, só que não me lembro onde era. Esta impressão me fez mal, meu coração batia forte, estava com tanto medo que nem esperei a chuva parar, fui embora. Depois de um tempo, voltei aqui com uma corda que amarrei na cintura e a outra ponta nesta pedra e, com uma lanterna, entrei no buraco da parede, mas nada vi de interessante, é um simples buraco sem outra saída. Rodolfo também não gosta daqui.

— Por quê? – perguntou Ana, que parou de chorar e prestava atenção no garoto.

— Ele veio aqui uma vez só. Sentiu-se mal e desmaiou. Ele me disse que aqui está impregnado de maus fluidos. E aqui ele sentiu remorso e raiva e não soube dizer de quem ou por quê. Ninguém gosta deste lugar desde que Vitória se suicidou aqui.

— Ou que a mataram – disse Ana.

— É... Vamos embora, Ana?

— Vamos!

Ana sentiu-se pesada e com leve mal-estar. Não aceitou o convite do garoto para passear mais, sentia-se cansada.

— Agradeço-lhe por ter me levado à gruta. À noite vou a sua casa para lhe ensinar.

O amigo de Ana entrou em casa e ela tomou o rumo da garagem, mas olhou por todos os lados para ver se encontrava Rodolfo; não o vendo, foi para seu quarto e ficou a pensar:

"Por que será que Rodolfo temia que ela o traísse? Será por que já fora traído? Seus sonhos seriam reais? Teria ela sido Vitória, e Rodolfo, André? Mas como? Rodolfo havia se sentido mal na gruta e ela chorou com a sensação de que ali perdera algo muito precioso. O quê? A vida?"

Ana sentou-se confortavelmente numa cadeira, não sabia se dormira ou tivera outra visão. Estava na gruta, toda enfeitada com um bonito vestido verde e com muitas jóias, abraçava e beijava um rapaz louro, muito bonito e faziam juras de amor. Quando ouviram um barulho, o homem correu, abriu a passagem secreta e ela se apavorou ao escutar chamá-la.

"Vitória! Vitória!"

"Estou aqui!"

"Onde está seu amante? Onde?" – disse André, furioso, entrando na gruta olhando por toda a parte. "Com quem me trai? Diga!"

Vitória riu desesperando-o mais ainda.

"Como vê, aqui não tem ninguém."

"Mas você está me traindo, eu sei!"

"Você é um bobo! Trata-me como uma empregada. Tem vergonha do meu passado. E ainda pôs na cabeça que o traio! Aqui não tem ninguém. Vim passear sozinha. Traio você só no seu pensamento."

André abaixou e viu um salto partido de um sapato masculino.

"De quem é isto? Fale Vitória!"

Ela ficou branca, tremia e nada respondeu. André, louco de raiva, tirou o revólver da cintura e atirou no peito da esposa. Vitória caiu e do seu peito jorrou sangue e com esforço conseguiu dizer com voz fraca:

"Perdoe-me..."

"Nunca!" – respondeu ele, friamente, depois colocou a arma perto do corpo dela e saiu, deixando-a agonizando.

A moça sentiu uma dor forte no peito, levantou e acompanhou André,(3) que voltou à mansão, reuniu os familiares e disse que Vitória se suicidara na gruta. Todos se espantaram e Luiz embranqueceu. As providências foram tomadas. Todos sofreram muito. André, porque amava Vitória e por querer saber quem era seu rival, ela, pelo remorso e por ter desencarnado quando queria viver encarnada por muito tempo. Luiz sentia-se culpado por tê-la deixado sozinha na gruta e por ter traído o pai.

Ana deu um pulo da cadeira, voltou a si assustada, ainda lhe doía o peito. Levantou e tomou água.

"Foi André que matou Vitória. Que história trágica!"

Olhou no espelho, estava branca, ajeitou-se.

"Tenho que sair, ficar neste quarto sozinha me apavora. Visitarei Ciro."

(3) Ana recordou a sua desencarnação quando viveu como Vitória. Desligada pela morte violenta, foi separada do seu corpo morto, em perispírito levantou e seguiu André. – N.A.E.

Capítulo 8

Reencarnações

Bateu de leve na porta do quarto de Cirilo e foi dr. Bernardo quem abriu.

— Entre, garota. Como está você, Ana Elizabeth?

— Bem. Vim visitar Ciro, o Cirilo.

— São amigos, heim? Ele não está muito bem. Estou lhe trocando a roupa. Quer me ajudar?

Ana fez que sim com a cabeça e foram para perto do garoto, que estava mais vermelho que o normal, por causa da febre, e ofegante. dr. Bernardo molhava uma toalha na água de uma bacia e passava no menino. Ana o ajudou, depois trocaram a roupa dele e ajeitaram-no no leito.

— Pronto, agora vamos deixá-lo dormir – disse o médico. – Vamos para a saleta. Ana, você está doente, filha? – indagou, carinhosamente. – Está pálida e com olheiras.

A jovem não conseguiu segurar as lágrimas, há tanto tempo ninguém se preocupava com ela.

— Não sinto nada físico, só solidão e tristeza. Não estou me acostumando nesta casa grande, com poucas pessoas, e nem com os fantasmas, as vozes, eu...

— Não ligue para as vozes, o barulho desta casa grande não lhe fará mal algum – aconselhou o médico, sorrindo.

— Acredita que se possa ouvi-las? Não me acha louca em dizer que as ouvi?

— Filha, as vozes todos por aqui já escutaram e muitas vezes. Eu também já as ouvi. Que pode haver de mal nisto? Somos eternos, não somos? E, quando deixamos nosso corpo pela desencarnação, ou seja, pela morte dele, a alma, o espírito sai para nova forma de vida. Se os donos destas vozes aqui viveram, amaram, odiaram, aqui podem voltar em busca da solução dos seus problemas. Neste ambiente fechado e enorme, impregnado dos seus fluidos, nós, os encarnados mais sensíveis, podemos escutá-los.

— Não entendia direito o que falavam – esclareceu Ana, gostando da conversa.

— São coisas deles e não devemos nos intrometer. Deixemos os desencarnados. É só isto que tem?

— Saudades, deixei a família.

— Não me parece muito chegada a eles para sentir-se saudosa assim. Não quer me dizer o que se passa com você, menina?

— Não sei, acho que não estou me adaptando a esta mansão. Já tive namorados, porém não me interessei por nenhum. Agora só penso no encarregado que cuida dos cavalos, e...

dr. Bernardo riu, sentou-se no sofá e pegando na mão de Ana fez com que sentasse junto a ele.

— Filha, Rodolfo não é assim desprezível, ele é honesto, trabalhador e sensível. Sua aparência não é das mais bonitas, mas você não me parece volúvel a ponto de se apaixonar só pela aparência física. Depois, pode ser só uma ilusão, talvez seja porque é o único rapaz agora a lhe cortejar.

— Aí que está o problema, Rodolfo foge de mim.

dr. Bernardo ia responder, quando Cirilo começou a falar em voz alta e ofegante. Os dois correram para perto do garoto.

"Façam isto! Obedeçam as minhas ordens! Não esqueçam que comigo, Artur, o proprietário deste lugar, não se brinca. Tirem-me as botas! Sou Artur, sou importante e todos devem me temer e obedecer. Façam rápido!"

Calmamente dr. Bernardo ajeitou Cirilo no leito, deu-lhe água, o acariciou e disse:

— Cirilo, querido, acalme-se!

O garoto ficou quieto. Ana não pôde deixar de arregalar os olhos. Lembrou do Artur, aquele parente que ele admirava. dr. Bernardo voltou à saleta e Ana o seguiu, assustada.

— Cirilo está delirando. Isto acontece sempre! – exclamou o médico.

— Ele fala sempre neste Artur?

— Sempre.

— Virgem mãe! Pensei que ele só o admirava.

— Ele? Como sabe disto? Artur é um antepassado da família...

— Oh! Não sei! – exclamou Ana, encabulada.

— Sabe mais coisas e está me escondendo. Não deveria, Ana. Verá que poderei ajudá-la muito. Cirilo lhe disse algo sobre Artur?

— Oh, sim! Agora estou me lembrando. Ele comentou que admirava este Artur, porque foi ele que fez a fortuna da família e construiu esta casa.

— Sim, o que mais?

Foram interrompidos com batidas na porta, dr. Bernardo abriu e dona Eleonora entrou e cumprimentou-a. Ana tratou de se explicar:

— Vim ver o menino Cirilo e já estava de saída.

— Venha vê-lo quando quiser, distrairá Cirilo, ele gosta de você – respondeu dona Eleonora, educadamente.

Ana saiu, voltou ao seu quarto e começou a ler um livro. Na hora certa, desceu para o jantar. Quando acabou e ia sair, ouviu dona Eleonora e o médico conversando. Ficou escutando.

— Eleonora, dormirei no quarto de Cirilo, ficarei com ele com prazer.

— Obrigada, Bernardo, hoje estou com uma tremenda dor de cabeça. Vou me recolher agora. Sabe, as preocupações, o irresponsável do meu sobrinho deixa tudo por minha conta, até o filho. Telegrafei-lhe contando o estado do garoto e sabe a resposta que recebi dele? "Titia, distraio-me bastante nas neves da Suíça, voltarei dentro de trinta e cinco dias". Que faço, meu amigo, se o garoto piorar?

— Tudo que nos é possível está sendo feito. Estamos cuidando com carinho do nosso Cirilo. Raimundo, seu sobrinho, um dia acordará para a responsabilidade.

— E se o menino morrer? – indagou dona Eleonora, preocupada.

— O pai sabe da gravidade de sua doença. Diversos especialistas foram consultados. Você não tem culpa de nada, minha querida.

— Você é tão bom! Que seria de mim sem seus sábios conselhos.

Subiram para seus aposentos. Ana foi para seu quarto e andou nervosa, de um lado para outro.

"Será que me contrataram para ensinar um moribundo? Cirilo está para morrer? Não posso dormir sem respostas. Vou até o dr. Bernardo e lhe pedirei explicações" – falou Ana em voz baixa como era de seu costume.

Sabendo que dona Eleonora se retirara para seus aposentos e que dr. Bernardo se achava no quarto de Cirilo, Ana desceu devagar as escadas da ala onde estava acomodada para após subir as que davam acesso à outra ala. Abriu a porta sem bater, entrou no quarto do menino, atravessou a saleta e viu o médico sentado numa poltrona olhando o menino que estava dormindo.

— Boa noite!

Ana saudou-o, baixo. dr. Bernardo assustou-se, levantou, veio sentar no sofá da saleta e com um gesto convidou a moça a sentar ao seu lado.

— Estava preocupada com Cirilo e não quis dormir sem saber se ele melhorou.

— A febre baixou e ele está dormindo. O que a trouxe aqui? Vejo nos seus olhos preocupações. Deduzo quais sejam. Teme o contágio? Não se preocupe, ninguém adoece, se não tiver predisposição. Posso lhe garantir que o contato que você tem com ele não oferece perigo nenhum.

— Não é com isto que me preocupo.

— Não?

— Sinto pelo garoto, gosto dele. Descobri sua doença sozinha. Dr. Bernardo, ele vai sarar?

— Não é do meu feitio mentir. Se fosse somente esta doença, poderíamos controlá-la. Mas nosso amigo tem uma deficiência cardíaca e os brônquios doentes. Entretanto, temos esperanças de melhoras.

— Ele irá mesmo para um hospital no estrangeiro? dona Eleonora disse que ele irá dentro de alguns meses. Estou lhe dando aulas para este fim.

— Esperemos que sim – disse dr. Bernardo tranqüilamente. — Gostaria de lhe pedir para ser paciente e carinhosa com ele e também que não lhe falasse nada sobre suas doenças.

— O senhor lhe devota grande estima, não é?

— Certamente. Sou médico, moro sozinho na cidadezinha aqui perto, sou viúvo e com os filhos casados. Atualmente atendo pacientes vinculados pela amizade. Cuido da saúde da família de Eleonora desde que me formei. Estou controlando as medicações de especialistas que tratam do garoto. Agora que falei de mim, não quer falar um pouco de você?

Ana contou sua vida e no final teve uma grande pena de si mesma, finalizando queixosa:

— Sou como Cirilo, desprezada e só...

— Não – falou o médico –, não é. É pior! Ele não reclama, está doente, tem dores, febre que queima, não tem irmão como você e luta para viver. Você é sadia, estudou, tendo irmão poderá ter sobrinhos e está aí reclamando com imensa dó de si mesma. Erramos muito quando nos desprezamos e quando nos tachamos de fracassados. Dó de nós mesmos e pessimismo não levam a lugar nenhum. Quem tem dó de si mesmo merece que outras pessoas tenham pena deles. Você é de fato uma infeliz, coitadinha!

Ana endireitou o corpo ficando ereta, estava séria, sentiu a ironia do doutor e respondeu altiva:

— Não sou infeliz! Sou uma moça apresentável e sei me virar. Não quero que tenha dó de mim!

— Ave! Ainda bem! Vamos analisar o que lhe aconteceu. Seus pais têm o direito de escolher o que melhor lhes convenha. Você não acha? Você é adulta, sabe o que quer e pode trabalhar para se sustentar. Não se amargure por tão pouco.

— Dr. Bernardo, vim aqui lhe perguntar sobre os fantasmas. Tenho me visto, ou melhor, sinto que sou eu, não sei explicar. Sou eu em outra época e tinha outro corpo. O senhor me entende?

— Filha, Deus nos criou para sermos felizes. Porém, muitas vezes nós usamos mal o nosso livre-arbítrio, errando e abusando do dom da vida. Você já pensou, Ana, o que é a eternidade? Na imensa bondade do Criador? Deus, nosso Pai, não nos condenaria a um castigo eterno por uma existência normal de sessenta anos. Nosso corpo morre, passamos a outro estado, a outro modo de vida e voltamos a viver num corpo carnal novamente.

— Todos os fantasmas são maus?

— Não devemos chamá-los de fantasmas, são pessoas como nós, que vivem por um período desencarnados. Pessoas boas desencarnam e continuam boas, esforçando-se sempre para se tornar melhores. Pessoas más permanecem más até que entendam a necessidade de se melhorar. Almas penadas, fantasmas, são desencarnados que vagam normalmente por lugares que viveram quando encarnados, quase sempre atormentados pelo remorso ou pelo ódio.

— E como voltamos? – perguntou Ana, curiosa. – Como podemos viver em outro corpo?

— O corpo carnal que nosso espírito usa para estar encarnado é perecível. Quando o corpo morre, o espírito sai e fica então desencarnado por um período não determinado. Querendo progredir, acertar erros, volta para animar outro corpo ainda no ventre materno e reencarna. Volta com a bênção do esquecimento para melhor aproveitar os ensinamentos com a nova roupagem. Mas podemos ter alguns relances que nos trazem lembranças vagas de algum fato, lugares ou pessoas. Do que você se lembra, filha?

— Que fui, ou sou, a Vitória.

— A traidora? – indagou o médico, franzindo a testa e olhando bem para Ana.

— Somos até parecidas.

— Como sabe?

— Cirilo e eu fomos até o salão de retratos e vimos.

— Ah! Então andou fazendo extravagâncias com o garoto?

— Desculpe-me, ele insistiu, não pensei que pudesse lhe fazer mal, desconhecia sua doença. Depois dona Eleonora mandou que fizesse todas as suas vontades.

— Não precisa se desculpar. Tudo faz mal a Cirilo, menos o amor. Aquela sala está trancada há tanto tempo, nem eu a conheço.

— Cirilo sabia onde estava a chave, seu pai lhe contou. Fiquei curiosa e fui com ele. Vi o retrato desta Vitória. Vendo-a senti que era eu. Ao reencarnarmos somos sempre parecidos fisicamente?

— Não, é raro sermos parecidos fisicamente. O físico é hereditário, herdamos semelhanças dos nossos pais biológicos. Tanto que podemos ser brancos em uma e negros em outra. Às vezes, podemos nos assemelhar ao corpo que tivemos em uma outra existência, mas na maior parte das vezes nada temos fisicamente em comum. Este sentir que você diz, às vezes, nos leva a ver semelhanças que muitas vezes não temos. Acho que você está nervosa pelos muitos acontecimentos. Tome este comprimido e vá descansar. Prometo conversar com você novamente sobre este assunto.

Despediram-se. Ana então lembrou que ficou de ir à casa de Michel e, embora atrasada, foi para lá. Como Cirilo não ia ter aulas até recuperar-se poderia dar aulas a Michel à tarde, assim não teria de sair à noite. Rapidamente dirigiu-se para a garagem, ganhou o pátio. E foi aí...

— Ufa!...

Ana sentiu um sopro no seu pescoço, percebeu que tinha alguém atrás dela. O ar quente fez com que se arrepiasse. Olhou e viu um vulto de capa e chapéu. Com o susto ficou paralisada, quis gritar, mas o som não saiu. Depois, olhando bem, viu que era Rodolfo quem passou por ela sem nada dizer e devagar entrou em sua casa. Ana foi se recuperando aos poucos sem sair do lugar, porque sentia as pernas bambas. Seu coração disparou, batia com tanta força que ela ouvia suas batidas no silêncio da noite. Pensou em voltar à mansão, mas já tinha descido para ver Michel e para a casa dele se dirigiu. Bateu na porta e Eliane veio atender.

— Boa noite, Michel está? – perguntou Ana, confusa.

— Ana, que aconteceu? – indagou Michel, vindo atrás da irmã. — Esperei-a por tempos. Entre...

Eliane lhe deu passagem, fechou a porta e ficou em pé olhando-a. Ana entrou, abraçou seu amigo e falou rápido:

— Michel, desculpe-me o atraso, não queria deixá-lo esperando. É que Cirilo não está bem, fui vê-lo e fiquei conversando com o dr. Bernardo. Como não estou dando aulas para Cirilo, tenho o dia livre e poderei dar aulas para você à tarde, já que você estuda de manhã.

— À tarde ajudo meu pai trabalhando na horta, não posso estudar.

— Pode sim, meu filho – falou João do quarto, demonstrando já estar deitado. – Quero que estude! Não fará diferença uma hora por dia.

— Então, está certo! – falou Michel, entusiasmado. – Farei mais rápido o serviço. Poderá vir às treze horas, Ana.

— Sim, combinado.

— Mas o que lhe aconteceu? Você chegou tão assustada – perguntou Eliane.

Ana tinha esquecido dela, que continuava em pé ao lado da porta olhando-a de modo estranho, parecia que debochava dela. Ana então soltou os braços de Michel que continuavam em volta de sua cintura. Havia permanecido pertinho de Michel, aquele garoto lhe dava segurança, queria-o bem e sabia que ele lhe devotava afeição. Era uma amizade carinhosa.

— É que... – gaguejou Ana –, ao vir para cá, vi Rodolfo e levei um susto, ele estava a andar como se não me visse.

— Ele dá susto em todos e nem precisa ser de noite – falou Eliane.

— Ora, Eliane – reprovou Michel. — Não é nada disso, explico o que acontece ao Rodolfo para que entenda.

— Boa noite – interrompeu Eliane. — Não tenho regalias de alunos doentes, tenho que levantar cedo amanhã e muito trabalho.

— Boa noite – respondeu a jovem professora.

Ana achava Eliane desagradável e sentia que a moça também a achava antipática. Ela saiu da sala e Michel continuou a falar:

— É que Rodolfo é sonâmbulo, anda dormindo e às vezes vem aqui chamar Eliane. Quando você bateu na porta, pensamos que era ele.

"Vem aqui atrás dela" – pensou Ana. Sentia raiva por ele a preferir. "Não devo amá-lo, acho que estou confundindo, o que sinto por ele é medo ou atração. Não é possível ser amor."

— Michel, já vou indo.

— Levo você até a garagem.

Ana concordou. Ao sair observou tudo e não viu nenhum vulto por ali, suspirou aliviada. Na garagem despediu-se de Michel e foi rápido para seu quarto.

Preparou-se para dormir e tomou o remédio que dr. Bernardo lhe dera. Já ia deitar quando ouviu um sussurro, rapidamente deitou-se e ouviu a voz de uma mulher, sem entretanto ver nada. A luz do quarto ainda estava acesa. Desta vez, entendeu bem o que a voz fantasmagórica lhe dizia:

"Você é culpada! Fez do meu filho um assassino. Em vez de senhor é um simples empregado. Você pagará, maldita!"

Ana nada mais ouviu. Desmaiou de susto e medo. Dormiu até tarde no outro dia. Sônia veio despertá-la. Então, lembrou de tudo, do remédio que tomou, da voz que escutou, as palavras ouvidas ficaram a lhe martelar. Teve vontade de conversar com dr. Bernardo e contar a ele o que acontecera. Levantou com dor de cabeça e indisposta. Arrumou-se e foi ao quarto de Cirilo, queria encontrar o médico para ser elucidada.

Mas o médico não estava no quarto do menino e sim dona Eleonora. Cirilo estava bem melhor, não estava febril e nem tão ofegante. Sorriu para ela.

Bom dia, Ana – respondeu o garoto ao seu cumprimento. – Que bom que você tenha vindo me ver. Não vamos ter aula hoje, ainda estou cansado.

— E nem amanhã ou depois – falou dona Eleonora, sendo mais simpática. – Só quando Cirilo quiser que as terá novamente.

Ana ficou ali mais um pouco, depois despediu-se. Foi para os aposentos do velho médico, bateu de leve na porta do quarto dele. Necessitou bater três vezes para ser atendida.

— Bom dia! – saudou o médico. — O que a traz aqui tão cedo, Ana?

Bom dia – respondeu e rapidamente entrou no quarto sem ser convidada e fechou a porta. – Doutor, necessito de seus cuidados. Ontem tomei o remédio e entendi a voz.

— Como é? – indagou o facultativo, sem entender o que a moça dissera.

Ana então explicou tudo. Estava nervosa e torcia as mãos. Quando terminou, dr. Bernardo lhe ofereceu água. O olhar bondoso do médico a acalmou.

— Ana, lhe dei somente um suave calmante que não podia causar danos. Mas, para que eu a ajude, conte-me tudo sem esconder nada.

Ana sentiu vergonha, mas entendeu que, se queria ser ajudada, teria que ser sincera. E, sem esconder nada, contou tudo ao velho médico, a passagem secreta, a descida às prisões com Cirilo e a causa da recaída dele, as recordações da gruta, seu carinho por Michel, a atração e o medo por Rodolfo, e a antipatia por Eliane. Quando acabou, sentiu-se mais leve. Após uns instantes em silêncio, finalizou:

— Nunca tive isto doutor, juro. Não há ninguém louco na minha família.

— Ora, não estou achando você louca. Entendo o que lhe acontece e posso explicar.

— Entende?! – suspirou a jovem, aliviada.

— Minha filha, temos na religião espírita a explicação para estes fenômenos. Podemos entender, sem tachar pessoas como você de loucas. Acalme-se menina. Tudo tem explicações. Somos eternos, não este corpo que nasce e morre, mas sim nossa alma, nosso espírito. Saímos do corpo como entramos, sem levar nada de material. Desencarnados, continuamos com nossos vícios e defeitos ou com qualidades e virtudes. E, ao termos o corpo morto, ou seja, desencarnado, ainda usamos outro envoltório que se chama perispírito, que é ainda uma matéria, só que mais sutil, idêntico ao corpo físico que se teve. Por isso muitas pessoas que desencarnam e não têm conhecimento podem achar que ainda estão encarnadas. Pessoas boas que desencarnam são levadas para lugares bons e agradáveis. Ficam desencarnadas por um período necessário e depois voltam a nascer, reencarnar, em outro corpo. Pessoas más e aquelas consideradas mortas, que não fizeram mal mas também não fizeram bem, vagam também por determinado período, ou em lugares feios e tristes ou em seus antigos lares. Todos reencarnam, e pela bondade de Deus temos sempre a oportunidade de progredir. Aqui encarnados temos que lutar para vencer nossos vícios e tudo fazer para aprender no bem. Muitos espíritos, neste período de desencarne, podem ficar vagando e assombrar encarnados, se estes tiverem a sensibilidade para vê-los. No Espiritismo, chamamos pessoas assim de médiuns. Voltando a reencarnar, podem algumas pessoas ter lembranças de suas existências passadas.

— É bem complicado – disse Ana, que prestava muita atenção às explicações do médico. — O senhor acha que sou uma reencarnante?

— Somos todos – corrigiu dr. Bernardo, rindo. — Muitas existências já tivemos. Assim, Ana, você pode ter tido uma existência em que viveu aqui, na mansão. Ou pode ser que algum desencarnado esteja agindo sobre você para fazê-la desvendar alguns mistérios, como o da passagem secreta e do crime do André. Você pode não ter sentido nada disto antes, mas aqui, onde o passado está marcado nestas construções antigas, é possível que tudo isto possa ter influenciado a sua sensibilidade.

Pensativo, o médico se calou. Ana pensou que o estava incomodando, ele tinha de cuidar do garoto enfermo.

— Obrigada, doutor, acho que já vou.

— Não fique nervosa, estarei aqui na mansão por uns tempos para cuidar de Cirilo. Teremos tempo para conversar e irei explicando tudo devagar. Gostaria de ser seu amigo. Mas, por favor, não vá mais a nenhum lugar secreto, pode ser perigoso. Não volte ao labirinto. E tudo que se passar com você me conte. Como é mesmo que se abre a passagem?

Ana repetiu e o médico memorizou.

— Não vá lá sozinho, dr. Bernardo, se a passagem fechar é morte na certa.

— Não pensou nisto, quando foi lá com o garoto.

Ana ficou vermelha e ele falou rindo:

— Não, não irei, não gosto de prisões, mas os restos mortais que lá estão necessitam de um túmulo.

— Se o senhor contar a dona Eleonora, ela me despedirá.

— Vou contar a ela, mas não agora. Não se preocupe, ela não a despedirá. Se o esqueleto está lá há tempo, não fará diferença um pouco mais.

Depois de ter agradecido e se despedido, Ana desceu para o jardim, não lhe agradava a idéia de ficar no seu quarto. Olhou os canteiros floridos, gostava de flores, elas lhe davam uma sensação de tranqüilidade e simplicidade. Olhou a torre. Será que a bandeira branca havia aparecido mesmo? Segundo diziam, ela apareceria quando os envolvidos no drama antigo de ódio, traição e crime, estivessem ali novamente. Poderiam estar todos ali reencarnados. Seria ela a Vitória? Rodolfo, o André? Michel, o Luiz? Michel não parecia em nada com Luiz, mas ela sentia ao ver o retrato de Luiz que ele seria agora outra pessoa. Seria Michel? E Eliane, estaria ela também ligada ao passado? Seria ela a esposa traída e assassinada? Rodolfo gostava de Eliane, ela o desprezava e ele também não gostava dela. dr. Bernardo estaria certo nas suas teorias? A Lei da Reencarnacão existia mesmo? O que ouviu do velho médico tinha coerência. Era algo que, se raciocinasse, entenderia tantas coisas ditas como incompreendidas e injustas. E Deus é justo. E a voz que escutou, seria de Alice, a mãe de André? Ela a acusava de ter tornado infeliz a vida do filho e por ter agora reencarnado feio, deformado e como simples empregado. Achava que a culpa era dela e queria vingar-se, amedrontando-a.

Enquanto pensava foi andando. Quando viu estava na passagem da garagem, atravessou o pátio e parou em frente da estrebaria. Sentiu vontade de ver Rodolfo, entrou e o viu preparando comida para os animais.

— Bom dia, Rodolfo – Ana sorriu tentando ser agradável. - Como está você?

— Bom dia. Estou bem, obrigado. Você sabe como está passando Cirilo? Preocupo-me com ele, é um menino triste e educado, gostaria de ajudá-lo. Ele é uma criança só e está sempre doente.

Ana pensou: "Rodolfo gosta de Cirilo e não sabe explicar o porquê. Não seria porque Cirilo fora Artur? E outrora como André ele admirava este seu antepassado? Estariam todos ligados a um passado? Ou talvez simplesmente Rodolfo estivesse preocupado com Cirilo, que realmente era educado, e seu jeito franzino e doente despertava piedade". Acabou falando:

— Por que não vai visitá-lo?

— Visitá-lo?

— Por que não pede a Sônia para perguntar ao garoto se ele não quer vê-lo? Poderá lhe falar sobre os cavalos que ele gosta tanto.

— Vou fazer isto. Mas o que faz aqui?

— Estava andando à toa e passei para vê-lo.

— Você está errada, Ana, você não me interessa.

— Não precisa ser tão grosseiro. Você ama Eliane?

— Não. Não amo Eliane, gosto dela como de todos aqui. Ela é jovem, bela e sinto necessidade de protegê-la, de fazê-la feliz. Quero que ela case com este seu namorado e que ninguém atrapalhe sua felicidade. Gosto muito também de Michel, ele é como se fosse meu filho. Daria minha vida por ele. Você me assusta, Ana, é da cidade grande e deve estar brincando comigo. Tenho espelho sabia?

Rodolfo falou calmo e resignado, olhou-a bem e continuou:

— Você é linda, dá impressão que prejudica todos os homens à sua volta. Olho para você e sinto atração e raiva. Algo me diz que me trairá e que não devo confiar em você. Desculpe-me, mas peço-lhe para não me procurar mais. Aqui estava resignado e contente com meu trabalho, vem você para me perturbar, não é justo. Logo parte e...

— Se você me quiser, fico, eu...

— Não fale besteira. Como ficaria? Morando na minha casinha? Dando aulas na vila? Seremos a bela e a fera. Por favor, Ana, não brinque comigo.

— Você me beijou, eu gosto de você. Não me importaria, não me importo de você ser assim, eu...

Novamente Rodolfo a interrompeu.

— Eu não quero! Eu não a quero! Entendeu? Sinto às vezes raiva de você, como se você fosse a culpada de tudo.

— E se fosse, você me perdoaria?

— Culpada? De quê? Quando tudo aconteceu, você nem aqui estava – falou Rodolfo, com calma.

— Não acha que tudo isto deve ser conseqüência do passado? Dos nossos erros?

— Esteve conversando com dr. Bernardo? Bobagem, já conversamos sobre isto. Ele me deu até livros para ler. Não acredito. Mas não tenho nada contra se for verdade. E, se for, devo ter grandes débitos a resgatar. Ana, sempre fui sozinho, enjeitado, defeituoso e feio. Fico pensando, se dona Eleonora vender isto aqui, não terei nem para onde ir. Quem me dará emprego? Só se for num circo.

— Num circo? – indagou Ana, triste.

— Sim, como palhaço. Será interessante passar susto nas pessoas e muitas gostam de ver monstros.

— Não fale assim – pediu a moça.

Ana compreendeu que Rodolfo sofria muito e não queria fazê-lo sofrer mais ainda. Passou a mão na sua cicatriz, não o achava mais feio. Michel tinha razão, Rodolfo era bonito.

— Beije-me – pediu Ana, baixinho.

Rodolfo a beijou, mas logo em seguida a empurrou.

— Não! Você é uma traidora. Sinto que é e será sempre uma traidora. Deixe-me, por favor!

Ana saiu da estrebaria muito amargurada, com as mãos enxugou as lágrimas que teimosamente escorriam pelo rosto. Como se fosse atraída, olhou para cima. No vidro da janela de um dos quartos da ala simples, a que estava hospedada, um vulto de mulher com um vestido verde a olhava com rancor. Firmou a vista e não viu mais. Saiu correndo pela garagem com a intenção de ir para seu quarto.

Mas, em vez de entrar no seu aposento, foi para o quarto onde tinha visto o vulto na janela. Sentiu o coração bater forte, estava sob um forte abalo emocional, sentia calor e tremia. Forçou a porta para abri-la, estava trancada, olhou para a parede e dependurada num prego estava a chave; pegou-a e abriu a porta. Entrou, era um quarto simples que servia de despejo. dona Eleonora devia guardar ali pertences antigos. Num canto do quarto, estava um baú aberto e um vestido verde por cima. Reconheceu com muito medo que era a roupa que vestia a mulher que havia visto momentos antes. No chão, ao lado do baú, um leque aberto com cabo de madrepérola, preto, uma bonita peça de arte. No quarto também havia um móvel com muitas gavetas. Várias delas estavam abertas e parecia que tinham seus pertences revirados.

Ana olhava tudo apavorada, estava com medo até de se mexer, e se arrependeu de ter entrado ali. Foi então que sentiu que alguém se aproximava dela e falou. Não escutou com o sentido físico, parecia que lhe falava de mente para mente.[(1)]

"Ana Elizabeth, outrora Vitória, eu a odeio! Se os outros a perdoarem, eu não. Aqui estive aguardando-a. Teriam de reunir-se todos aqui! Artur, o sanguinário, aproveitador, enriqueceu através de sangue inocente, hoje é herdeiro. Ah, ah, ah! Herdeiro corroído pela lepra. Eliane, a primeira esposa do meu André, aquela que você traiu no leito de morte, despreza hoje meu filho por sua causa. Meu neto Luiz, pobre garoto! Você o seduziu, fez trair o pai que adorava, tudo culpa sua. Hoje ele é filho do jardineiro, e por quê? Por sua culpa! Rodolfo, meu Rodolfo, meu filho querido, André, bom e nobre, que fez dele? Traiu, foi infiel, obrigando-o a matá-la. Era a única coisa que ele poderia ter feito, um marido traído. Tirou você da pobreza, era uma empregadinha. Agora, quem é André? Herdeiro disto tudo, lá na cocheira e ainda deformado. Você voltou para receber seu castigo. dr. Bernardo, a antiga feiticeira, não poderá ajudá-la. Foi ela mesma quem disse que se reuniriam todos aqui para serem castigados. Ele não irá auxiliá-la, não poderá ajudá-la. Porque eu estou aqui, esperei anos e não deixarei você se aproximar do meu André, hoje Rodolfo. Não e não! Traidora! Vitória traidora!"

Ana não se mexia, o medo era tão grande que não teve forças para nada, nem para se defender das acusações. Quando viu o vulto se afastando, pôde então se mover, saiu correndo daquele quarto e foi para o seu.

---

(1) Este fato é natural, muitos médiuns audientes escutam assim, mente a mente, de perispírito a perispírito. - N.A.E.

Capítulo 9

Dr. Bernardo

Ana, apavorada, entrou no seu quarto, encolheu-se toda numa cadeira, tremia e tinha a boca seca. Só aos poucos foi se acalmando, olhou o relógio, faltava pouco para o horário do almoço. Pensou em não ir, mas não se alimentar não resolveria nada. Depois, tinha que ir à casa de Michel como prometera. Orou, repetiu preces mecanicamente, porém, mais calma conseguiu orar como se falasse com Deus. A prece, que saiu do coração, foi feita com sentimentos e isto a acalmou.

Pensou: "Fantasmas são pessoas desencarnadas que vagam. Eu vi o espírito de Alice, mãe de André. Meu Deus! Será que todos os que viveram aquele terrível drama do passado estão aqui reunidos? Estamos aqui para sermos castigados ou para nos reconciliar? E a mais rancorosa é, sem dúvida, Alice. Será que este espírito não me perdoará?"

Levantou-se da cadeira, ajeitou-se e desceu para o almoço. Elizete estava atrasada. Foi Sônia que veio lhe servir. Alegre, explicou logo:

— dra. Janice veio tratar de negócios com dona Eleonora. Estão conversando e logo virão almoçar.

— Ela ficará muito tempo aqui?

— Não. Ela me disse que irá embora amanhã cedo. Deverá ficar a tarde toda com dona Eleonora.

Ana agradeceu e pensou que dr. Bernardo estaria livre para conversar com ela. Desde que orou sentiu uma enorme vontade de falar com ele e pedir ajuda. Se Alice dissera que fora ele no passado quem predissera este reencontro, talvez fosse porque ele saberia conduzir os acontecimentos no presente. A jovem professora sentia que ele era uma pessoa boa e que receberia ajuda e orientação dele.

O almoço foi servido e Ana esforçou-se para comer; não queria ficar doente, já notava que, pelas suas roupas, emagrecera. Escutou vozes no salão de refeições, eram dona Eleonora, dra. Janice e dr. Bernardo, conversando animados, comentando assuntos de acontecimentos atuais.

Ana acabou de comer, saiu, foi para a casa de Michel, e com boa vontade lhe deu a aula. Acabando, recusou o convite do menino para ir à horta, ela preferiu procurar o dr. Bernardo. Bateu na porta do quarto dele, mas ninguém respondeu. Então foi ao quarto de Cirilo, que sorriu ao vê-la.

— Ana, entre, sinto por interromper as aulas, mas estou muito cansado. Quero aprender para ir me tratar no hospital da Europa.

— Dr. Bernardo está aqui?

— Ele foi até a biblioteca pegar um livro e já volta. dr. Bernardo é ótimo. Ele me trata muito bem, com carinho, mas tem umas idéias estranhas. Você acredita em sonhos? Sim – continuou Cirilo após a confirmação de cabeça de Ana. – Esta noite sonhei com minha mãe. Nos abraçamos e nos beijamos, depois ela me disse: "Cirilo, meu filho, não se chateie com seu pai, não vale a pena, dr. Bernardo e sua tia muito lhe querem. Eu o amo, estarei ao seu lado confortando-o. Logo estará morando comigo. Ore sempre. E que Deus o abençoe com todo meu amor". Desprendeu-se dos meus braços e foi se afastando. Acordei alegre, parecia que realmente eu a tinha visto. Mas "encuquei" por ela me dizer que logo iria morar com ela. Contei o sonho para o dr. Bernardo e ele me disse que provavelmente eu tinha encontrado com o espírito de minha mãe. Forcei-o a me contar o que ela tinha querido dizer ao falar que logo moraríamos juntos. Ele respondeu que eu não tinha entendido direito, que ela talvez quisesse dizer que gostaria de estar morando comigo. Mas acho, Ana, que devo estar com alguma doença grave e que devo morrer, ou, como ele diz, desencarnar logo. Não acho ruim esta idéia, ainda mais se for para ficar junto de minha mãe. Você tem medo de morrer?

Cirilo se emocionou ao narrar o sonho e Ana o olhou com carinho, respondendo laconicamente:

— Não.

— Nem eu.

Após uma leve batida na porta, dr. Bernardo entrou no quarto.

— Os dois estão conversando animados, espero que não planejem novas extravagâncias – comentou dr. Bernardo, rindo.

— Ciro – disse Ana –, sinto muito, acho que teve esta crise pelo nosso abuso.

— Contou tudo ao doutor, heim? – protestou o menino. — Era segredo nosso, mas não faz mal. Não deve se culpar, tenho muito destas crises e ultimamente tenho piorado. Mas voltaremos lá. Quando eu ficar bom, iremos os três.

— Guardo o segredo de vocês e aceito ir junto. Cirilo, me prometa não ir sozinho, pode ser perigoso – sugeriu o velho médico.

— Se guardar segredo, prometo. Mas agora, por favor, me deixem dormir. O remédio que tomei há pouco me dá sono. Boa tarde!

Ana ficou olhando dr. Bernardo ajeitar Cirilo no leito. O facultativo deveria ter quase setenta anos, tinha quase todos os cabelos brancos, olhos azuis e usava óculos de aro dourado e barba feita, tinha o rosto redondo e sorriso bondoso. Tinha estatura média e alguns quilos lhe sobravam, porém não era gordo. Ana o achava extremamente simpático, como todos que o conheciam.

Dr. Bernardo e Ana saíram do quarto, caminharam em silêncio. Na frente do quarto do médico, ela sussurrou:

— Quero lhe falar.

— Não necessita falar tão baixo. Eleonora e dra. Janice estão lá embaixo no escritório conversando sobre dinheiro, certamente ficarão até tarde da noite. Entre no meu quarto, Ana.

— dr. Bernardo – comentou a moça, logo que se sentou no sofá ao lado dele –, hoje eu vi a mãe do André, a dona Alice.

— Acalme-se, Ana, conte-me tudo.

Ela contou todos os acontecimentos, o médico a ouviu atento.

— Acredito que tenha visto e ouvido Alice. Vou tentar explicar o que está lhe acontecendo. As visões que teve, desde que aqui chegou, podem ter sido por psicometria. Você com sua sensibilidade leu os acontecimentos que ficaram gravados nesta mansão. Ou foram recordações de pedaços de sua outra existência. A visão que teve no salão de baile foi tão forte que a fez desmaiar. Aconselho-a a não ir mais em qualquer lugar diferente nesta casa.

— Dr. Bernardo, mas e Paula, a filha de dona Eleonora? Contaram-me que Alice aparecia para ela e a acusava por não têla deixado nascer. Será que ela ia ser filha de Paula e quando esta abortou passou a acusá-la?

— Como se fala nesta casa! Pensei que ninguém sabia deste fato. Sim, Ana, é isto. Como sabe, nosso espírito reencarna várias vezes. Alice ia reencarnar, aproximou-se do embrião que Paula esperava, como esta abortou, Alice, inconformada, passou a persegui-la.

— Com todos que abortam acontece isto? – indagou Ana, assustada.

— Provocar aborto pode ser um drama violento, tanto ao organismo, como para a mente. Espiritualmente é um erro grave que pode trazer como conseqüência, sofrimentos. Quem o fez, deve pedir perdão a Deus e ao espírito que impediu de nascer e ter um propósito firme de não fazê-lo mais. Não deve se martirizar pelo remorso, e sim reparar no bem o erro cometido. Porque todos nós já erramos, o importante é depois de termos conhecimento do erro (neste caso, provocar aborto) não repeti-lo. O que aconteceu com Paula pode acontecer com muitas pessoas; no caso, ela via e ouvia, em outros casos o desencarnado age sem que o encarnado veja ou ouça, mas sofre sua influência. Se o espírito que ia reencarnar tem compreensão ao ser abortado, ele se afasta e tenta reencarnar em outro novamente. Mas, se o reencarnante for um espírito sem entendimento, ele poderá perseguir a mulher, ou o casal, por tê-lo impedido de nascer. Temos visto dolorosas obsessões por este motivo. Alice perseguiu Paula por tê-la impedido de reencarnar, mas cada caso é um caso.

— Ela ainda persegue Paula?

— Não, depois que Paula foi para o convento Alice desistiu. Agora, Paula, fazendo o bem, progride espiritualmente e saiu da faixa de vibração em que Alice podia obsediá-la.

— Dr. Bernardo, ninguém sabe quem era o pai do filho de Paula. Mas eu acho que sei. Cirilo me disse que seu pai lhe contou que a namorou. O pai do filho de Paula era o sr. Raimundo. O senhor sabia disto?

— Quando Eleonora me chamou para cuidar de Paula, ela já tinha feito o aborto. Ela passou muito mal, delirou e... Você está certa, era Raimundo o pai do filho dela. Mas, por favor, não fale a ninguém, já passou tanto tempo e Paula já sofreu muito, nem Eleonora sabe disto. Namorou escondido o primo e quando ficou grávida Raimundo não quis assumir e viajou. Ela ficou desesperada e abortou. Quando se recuperou fisicamente, o espírito de Alice passou a persegui-la acusando-a de não tê-la deixado reencarnar. Paula não entendia nada de reencarnação e achava impossível ter privado a alguém de nascer. Pois Alice já havia nascido e morrido, quando Paula nasceu. Quando Raimundo casou, Paula, desiludida, achou que só no convento, orando e fazendo o bem, iria ser perdoada pelo seu crime. Ela é uma boa irmã de caridade. Aprendeu a conviver com sua mediunidade e não fala a ninguém o que vê e ouve. Mas muitos empregados da mansão naquela época viram Paula falar com Alice ou com um fantasma e, como eles não viam ou ouviam, achavam que Paula era louca.

— Ela sofreu muito – disse Ana. – Não falarei a ninguém sobre este assunto. Mas, dr. Bernardo, por que eu vi Alice?

— Você é médium. Aqui nesta casa, os espíritos podem dispor da mediunidade de Eleonora. Ela nunca quis trabalhar com sua mediunidade. E os desencarnados usam os fluidos de Eleonora para conseguir ser ouvidos e assustar algumas pessoas.

— E o que me diz de Alice ter falado que o senhor também esteve reencarnado aqui e que predisse que íamos nos reunir novamente?

— Sempre achei que tinha algum laço com esta casa. Recordei alguns fatos do meu passado. Sei que já tive conhecimentos do ocultismo. Gertrudes, a feiticeira do passado, era somente uma sensitiva, estudiosa do ocultismo e por isso ganhou este apelido de "feiticeira". Se Alice lhe disse que fui ela, vou pesquisar mais sobre sua vida e talvez recorde. Se no passado eu disse, ou Gertrudes disse, que nos reencontraríamos todos aqui, talvez foi porque sabia que necessitaríamos todos de nos entender para progredir. Não é por acaso que, certamente, estou aqui.

— Dr. Bernardo, me ajude. Se errei no passado, não quero errar mais. Depois, tenho medo, Alice quer me castigar. Não é justo. O passado passou e agora nada fiz de errado.

— O passado passou e não podemos mudá-lo. Tudo que fazemos é de nossa responsabilidade. Você agora pode lhe pedir perdão, orar e enviar a Alice pensamentos bons e de carinho. Vou ajudá-la, aqui estou para ajudar a todos.

— O senhor é tão bom. Já sofreu na vida?

— Sim. Quem não passou por momentos difíceis? Fiquei órfão de pai com dois anos e minha mãe fez muito sacrifício para nos criar, eu e meus outros dois irmãos. Estava com oito anos quando ela se casou novamente. Meu padrasto era antipático e muito ordeiro, mas nos deu estudo. Meu irmão mais velho desencarnou na adolescência. Érica, minha irmã, ficou solteira e mora comigo. Casei logo após ter-me formado, enviuvei dez anos depois. Meus filhos estudaram e nenhum quis residir por aqui por achar a cidade pequena. Amo muito minha profissão e, mesmo aposentado, trabalho. Mas, sempre fui considerado um menino problema, via e falava com meu pai e com parentes desencarnados. Olhava as pessoas e dizia se via algum desencarnado com elas, às vezes, previa o futuro. Minha mãe chateava-se com estes fatos e era castigado por ela ou pelo meu padrasto. Uma tia me convenceu de não falar mais para os outros o que via ou sentia para não assustá-los. Mas, para mim, estes fatos eram simples e não entendia o porquê de serem problemas. Então aprendi a calar e isto resolveu em parte meus problemas. Quando fui estudar Medicina numa cidade maior, comentei estes fatos com a dona da pensão em que morava e ela me recomendou que fosse a um centro espírita. Querendo realmente me ajudar ela me levou até lá. Como gostei! Amei desde a primeira vez as reuniões da casa espírita, maravilhei-me com a Doutrina Espírita e com os ensinamentos de Allan Kardec. Passei a fazer parte do grupo. Conhecer o Espiritismo foi a melhor coisa que aconteceu comigo. Compreendi que tudo que via e sentia tinha explicação e que eu era médium. Comecei desde então a usar este dom para fazer o bem. Formei-me, vim para cá, onde organizei um grupo de estudo e trabalho espírita; reunimo-nos todas as terças-feiras e aos sábados.

— Dona Eleonora mesmo sendo médium não se interessou em ir nestas reuniões?

— Não, conversamos às vezes sobre este assunto. Ela já viu muitos desencarnados e os escuta com freqüência, mas não se interessou em estudar ou ser útil com sua mediunidade. Gosto de comparar a mediunidade com um talento que o Pai nos dá e a usamos conforme queremos, porque nosso livre-arbítrio é respeitado. Muitos, ao receberem este dom, reencarnam e multiplicam este talento no trabalho do bem e muito aprendem. Outros, como Eleonora, enterram seu talento, deixando-o enferrujar por falta de uso e terão de prestar contas disto. Não trabalhando para o bem, prejudicam muito a si mesmos. Outros, infelizmente, usam o seu dom para o mal, prejudicando o próximo e muito mais a si mesmos. A mediunidade é um dom pelo qual devemos dar graças, ser agradecidos por termos esta oportunidade e, por ela, aprender e reparar erros. Se aqui vivi como Gertrudes, tive mediunidade, não devo tê-la usado muito para o bem. Sabe, Ana, pensando bem, devo ter sido realmente Gertrudes. Esta mansão sempre me atraiu. Lembro com emoção quando aqui estive pela primeira vez para atender a mãe de Eleonora, eu...

A cortina da janela mexeu como tocada pelo vento. Ana e dr. Bernardo olharam-se assustados e o vulto de Alice apareceu. Os dois a viram. Ana ficou sem fala, branca e imóvel. dr. Bernardo olhou o vulto, sentiu quem era e gentilmente falou:

Alice, seja bem-vinda. Quer conversar conosco?

Alice falou, só que dr. Bernardo não conseguia escutá-la ou entendê-la. Viu que ela mexia os lábios querendo comunicar-se com ele. Alice, então, aproximou-se de Ana, fixou sua mente na dela. E começou o intercâmbio, ou seja, uma incorporação. Por fios de transmissão da mente da desencarnada à mente da encarnada, Ana começou a transmitir pela fala o pensamento de Alice:

— Boa tarde, Gertrudes – disse Alice, pelo aparelho mediúnico de Ana. — Escutava vocês dois conversando, falaram muito de mim. dr. Bernardo, como se sente agora nesta miserável veste de um charlatão pobre e aprendiz de medicina.

— Bem, muito bem, tenho aprendido muito nesta encarnação com a oportunidade que me foi dada. Se como Gertrudes conhecia as leis sobrenaturais, como dr. Bernardo usoas para o bem. E você, Alice, como se sente a perseguir e a se negar a perdoar?

— Mal, muito mal e por isso com mais ódio.

— Você está aqui há muitos anos na ociosidade, poderia ter aproveitado melhor seu tempo.

— Ociosidade? Desde quando uma pessoa rica vive na ociosidade? Trabalho é para serviçais.

— Que vale agora a riqueza que desfrutou? – indagou dr. Bernardo, com tranqüilidade. – Agora é rica de bens materiais? Que possui?

— É isto que mais me revolta. Sei que posso reencarnar e ser uma empregadinha.

— Uma pessoa assalariada é mais feliz que você. O trabalho faz com que cresçamos. Devemos ter orgulho em trabalhar. Você sem trabalho foi feliz? É feliz?

— Não, sabe que não – continuou Alice falando por intermédio de Ana. — Você é danada, Gertrudes! Se antes já sabia muito, agora se aperfeiçoou. Quis conversar com você para lembrá-la. Sabe que sofri muito com as tragédias que aconteceram com o meu filho André. Você sabia quem era o inimigo que meu André procurava e não falou nada. Era o próprio filho, meu neto Luiz. Agradeço-lhe por isto, evitou mais uma morte com seu silêncio. Todos sofremos muito. Vi, desde então, meu filho triste e amargurado. Tornou-se um assassino por amor a esta Vitória. Você predisse que tudo indicava que no futuro nos reuniríamos todos aqui. Passado de boca em boca, alguém inventou que apareceria na torre a bandeira branca. Agora, com todos aqui, eu coloquei a bandeira no mastro. Deve começar o julgamento. Devemos castigar a culpada. Eu a condeno e tenho um plano...

— Alice, quando levaram a mulher adúltera a Jesus, Ele não a condenou. Se Ele não a julgou, não devemos nós julgá-la – disse o velho médico, gentilmente.

— Doutor de uma figa! Está do lado dela? Esqueceu do meu sofrimento? Gertrudes, você disse que nos reuniríamos...

— Todos nós devemos nos reconciliar com o nosso próximo. Reunimo-nos todos aqui, é verdade, mas não para castigos, e sim para nos reconciliarmos. Quem não errou, Alice? Todos nós, minha amiga, já erramos. E todos perdoamos uns aos outros, menos você. André perdoou, reencarnou como empregado onde foi senhor, para aprender a ser humilde. Michel é filho de um dos trabalhadores da propriedade, devota sincera amizade a Rodolfo, os dois são amigos. Eliane, outrora orgulhosa e arrogante, foi assassinada e perdoou, agora não quer Rodolfo para marido, mas não o odeia. E você, Alice, sabe que Rodolfo não a ama e nunca a amou, ele quer reparar o erro que cometeu com ela, por isto a protege. Rodolfo, outrora André, seu filho, assassinou duas esposas. Lembre, Alice, que ele também assassinou Vitória e esta o perdoou e agora lhe quer bem. Você quer castigar Ana e não percebeu que a vida dela não é fácil. Ela faria Rodolfo feliz, se este a quisesse. Vitória desencarnou assassinada, sofreu muito, perdoou, pediu perdão e não parou no tempo. Reencarnou e luta para progredir. Aqui está para reconciliar e não para ser castigada.

Enquanto dr. Bernardo elucidava Alice, dois companheiros desencarnados envolveram-na limpando-a dos seus fluidos deletérios e transmitiram energias benéficas. Ela sentiu-se bem e começou a ter sono.

— Que está fazendo comigo, seu velho bruxo? Está me curando? Tenho sempre muitas dores e não durmo há muito tempo. Agora estou com sono.

— Alice – aconselhou dr. Bernardo, com muito amor –, largue tudo aqui, nada é seu e não lhe cabe castigar ninguém. Reunimo-nos aqui não foi nem pela sua vontade ou pela minha, mas de Deus. Pela necessidade que cada um de nós sentiu de se reconciliar e ter paz. Deixe que os encarnados se entendam. O menino Cirilo não está bem.

— O Artur de outrora, orgulhoso e mau, agora é frágil e leproso. Você está aqui, mas não é para se reconciliar, você não teve desavenças, está ajudando de fato. Observo Cirilo e tenho medo. Quem virei a ser quando reencarnar? Não fui melhor que Artur, fui orgulhosa e má.

— Alice – continuou dr. Bernardo a elucidá-la –, não reencarnamos só para sofrer, mas para progredir. Se conseguir ajudar você, que outrora fez parte da minha família consangüínea, me alegrarei, porque amo todos como meus irmãos, filhos do mesmo Pai. Você não deve se preocupar em resgatar erros pelo sofrimento, poderá repará-los no trabalho do bem. Recomece perdoando e pedindo perdão. Perdoar faz bem a nós mesmos.

— Se todos tiverem de ser castigados, Ana colherá o que plantou – disse Alice pela voz de Ana. — Num ponto você tem razão, não é preciso castigar ninguém, nossa consciência é nosso maior carrasco.

— Colhemos, sim, do que plantamos, mas, novamente lhe digo, não precisamos só sofrer para resgatar nossos erros. Podemos, pelo trabalho no bem, modificar o plantio.

— Há tempo, Bernardo, que não me sinto assim, sinto-me bem. Você me trata bem, acredito em você, devo deixá-los e cuidar de mim. Eles que se virem!

— Alice, você vê estes dois espíritos ao seu lado?

— Onde?! São maus? Não quero!

— Estes são bons, são meus amigos e companheiros. Querem ajudá-la.

— Agora estou vendo. São diferentes, são bonitos.

— Eles vão levá-la para um lugar onde deveria ter ido há muito tempo. É um posto de auxílio no plano espiritual onde será tratada e aprenderá muitas coisas. Mas antes perdoe, Alice, para ser perdoada.

— Só a Deus peço perdão.

— Pois o faça e perdoe – pediu dr. Bernardo.

— São simpáticos estes seus amigos. Deixo tudo, não está sendo fácil ver meu André sofrer assim. Que Deus me perdoe e perdôo esta Ana, perdôo Vitória.

Alice dormiu e os amigos socorristas a levaram. dr. Bernardo deu um passe em Ana que despertou confusa.

— Que aconteceu? Parecia falar, falei sem querer. Foi esquisito, tudo me parece tão confuso. Nós vimos Alice. Agora aonde ela foi?

— Alegre-se, Ana, reconciliou-se com seu próximo. Agradeçamos a Deus. Alice partiu e não a verá mais. Você como médium serviu de intérprete e conversei com ela orientando-a. Vamos orar.

Dr. Bernardo abaixou os olhos e com voz harmoniosa recitou a Prece de Cáritas.

"Deus nosso pai..."

Ana escutou emocionada. Não teve mais medo. Afinal havia se reconciliado com Alice, isto lhe fez muito bem. Quando nos entendemos com nosso próximo, sentimos uma alegria pura. Queria que Alice fosse feliz. Sentiu sono e quis dormir.

— Vá, filha – disse carinhosamente dr. Bernardo –, vá descansar.

Ana agradeceu, sentiu-se grata para com aquele velho e bondoso médico. Foi para o quarto, deitou-se e dormiu serenamente.

Dr. Bernardo agradeceu aos seus amigos desencarnados, eram companheiros de trabalho que gentilmente vieram atender ao seu pedido logo que viu Alice. Os dois amigos sorriram. "Companheiros não agradecem" – disse um deles –, "pelo trabalho comum progredimos e aprendemos juntos".

Ficando a sós, dr. Bernardo pôs-se a pensar. Ele amava Eleonora há muito tempo, desde que a vira. Ela casou e ele também. Enviuvaram e nenhum dos dois se casou novamente. Nunca se atreveu a falar diretamente do seu amor a ela. Eleonora era fria e, se a conversa ia ter neste assunto, ela desconversava. Quando o marido de Eleonora ficou doente, ele a fez prometer que não ia casar de novo. Depois de desencarnado, ele apareceu muitas vezes cobrando-lhe a promessa. É que ele ficou vagando pelo seu ex-lar, pela mansão. Ele sofria e não queria que ela casasse de novo. Eleonora tinha muito medo dele. Mas, um dia, dr. Bernardo e seu grupo espírita doutrinaram o ex-marido de Eleonora. Esclarecido, ele foi para o plano espiritual. Anos depois, voltou para pedir perdão a Eleonora e lhe disse que não precisava mais cumprir a promessa. Porém, ela achava-se velha, com muitos problemas para casar novamente, ou porque ela nunca amara dr. Bernardo como ele a ela. Tinha, sim, amizade, queria-o bem. Ele respeitou seu modo de pensar e sentia-se feliz com sua amizade. Nunca se preocupou com o que tinha sido no passado, o que fora em outras encarnações. O passado já passou, e o importante é o presente, o que devemos fazer é aproveitar no bem as oportunidades que temos. Agora, ali estava como uma peça do passado, tentando ajudar irmãos a se reconciliarem. Pensou em Cirilo, queria bem o garoto, o antigo Artur, que agora tinha vindo para desencarnar na mansão, nas terras que usufruiu como administrador num período. Como é importante administrar com justiça e amor o que Deus nos entregou. Ali estava André, o criminoso, agora Rodolfo, que aprendia a servir, Vitória como Ana, Michel que fora Luiz, a esposa assassinada, como Eliane, e ele. E que Deus o iluminasse para que pudesse ajudar a todos. Pensando em Jesus, orou com sinceridade e fé.

Num salto levantou-se da cadeira, havia passado dez minutos do remédio do Cirilo, foi rápido ao quarto do seu pequeno paciente.

Ana só acordou com Sônia chamando-a para o jantar.

Capítulo 10

O Criminoso

Duas semanas passaram tranqüilas. Cirilo ainda continuava doente, alternando entre melhoras e pioras. Os horários de aulas foram diminuídos. Ana, porém, ia sempre vê-lo à noite e lhe fazia companhia. Dr. Bernardo voltou para sua casa, mas vinha sempre ver o garoto.

Ana ia todas as tardes dar aulas a Michel que aprendia rápido e quase não necessitava mais das aulas particulares.

Rodolfo a evitava, nas poucas vezes que Ana o encontrava ele se limitava a cumprimentá-la friamente. Nada mais se ouviu de sobrenatural na mansão e nem Ana vira algo de estranho, mas um forte pressentimento de perigo a fazia estar sempre alerta.

Recebeu notícias dos seus, seu irmão estava mesmo disposto a casar e fixar residência na cidade onde estava. Seu pai dizia que estava namorando e que tinha saudades. A mãe não respondeu à pergunta que fizera: "Onde moraria quando voltasse"? Na carta ela falou entusiasmada de seus passeios, que estava bem e lhe agradecia por ter aceitado aquele emprego, levando-a a se separar do marido. Ana entristeceu, ninguém se preocupava com ela. O irmão gostava dela, mas estava pensando somente nele, também já tinha sofrido muito com as brigas dos pais. Seu pai e sua mãe pensavam em si mesmos sem se importar com o que estaria acontecendo com ela.

Não queria mais ir embora. Ficaria ali até ser dispensada. Com o dinheiro que recebesse poderia partir e arrumaria uma pensão para morar, viveria sozinha. "Se pelo menos Rodolfo me quisesse" – pensou, suspirando.

"Seria capaz, Ana Elizabeth, de morar aqui com ele?" – falou alto. "Não sei, não sei..."

Ana estava na janela do seu quarto olhando para o lado de fora, tudo estava tranqüilo. Foi quando ouviu um barulho de carro.

"Será o dr. Bernardo?"

Fechou a janela e desceu para saudar o amigo. Mas no meio da escada parou assustada, estremeceu. Escutou uma voz grossa e vagarosa conversando com dona Eleonora. Ana achou que deveria ser o sr. Raimundo, o sobrinho de sua patroa. Continuou a descer a escada cautelosamente, seu coração batia apressado. Estavam na sala da escultura de pedra, Sônia, dona Eleonora e ele. Ana viu o rosto do recém-chegado. Segurou forte o corrimão, na sua mente veio a cena que viu na estrebaria. Estava na frente do criminoso, do assassino do próprio pai. Sufocou um grito, sentindo tudo girar, caiu desfalecida. Os três correram para acudi-la.

— Está desmaiada – disse dona Eleonora. – Raimundo, esta é a professora de línguas do seu filho. Não sei o que aconteceu, ela é tão educada e reservada. O que terá levado a sentir-se mal?

Raimundo a examinou e comentou:

— Interessante!

Eleonora o olhou carrancuda e falou séria:

— Não quero intimidades em minha casa.

— Nossa casa titia, nossa...

— Respeite a mestra do seu filho – disse dona Eleonora.

Raimundo nada respondeu. Voltou-se e subiu a outra escada pensando que a garota era realmente muito interessante, talvez fosse se divertir nos dias entediados que teria de passar ali.

Sônia esfregou os pulsos de Ana e ela voltou a si, muito assustada.

— O assassino, eu vi o assassino daquele senhor que morreu na estrebaria, eu o vi, eu...

— Calma, Ana – falou Sônia, ajudando-a a sentar-se no degrau da escada. — Você teve um desmaio.

— Que disse, menina? – indagou dona Eleonora, nervosa.

— Eu, bem... – balbuciou Ana — não sei, pensei... não sei...

Ana realmente não sabia o que dizer. dona Eleonora a olhou e ordenou:

— Hoje você não precisa dar aulas ao Cirilo. Vá descansar!

Subiu a escada atrás do sobrinho.

— Que houve, Ana? – perguntou Sônia. — Viu algum fantasma?

— Acho que sim, eu...

— Conte o que viu. Que emocionante! Queria tanto ver um fantasma. Como era ele?

— Magro, alto, de costeletas grossas, cabelos pretos, voz vagarosa e grossa, trajava-se bem e...

— Ora! – exclamou Sônia. — Eu pensei que você tinha visto um fantasma. Você viu somente o sobrinho de dona Eleonora, o sr. Raimundo, pai de Cirilo, que chegou de viagem. Você tem certeza que está bem? Não quer ir ver o dr. Bernardo na vila para uma fazer uma consulta? Você me parece doente, está pálida.

Ana achou que era uma boa idéia, ansiava por contar ao amigo o que vira.

— Mas, como ir? – indagou Ana.

— Isto não sei – respondeu Sônia. — Você sabe dirigir? Não! Só se você pedir para o Rodolfo levá-la. Mas ele deve ter muito trabalho. E eu também, devo ir arrumar o quarto do sr. Raimundo.

Sônia saiu, Ana levantou-se toda trêmula, estava com muita vontade de conversar com o velho médico. Desceu para o pátio e encontrou Michel.

— Michel, queria ir à vila, como posso ir?

— Só a cavalo, de charrete ou de carro e talvez você tenha que ir sozinha. Com a chegada do sr. Raimundo teremos muito trabalho, ele olha tudo, dá palpites, é chato.

— Dona Eleonora permite isto? – indagou Ana, indignada.

— Que fazer, ele é dono da metade da propriedade. Aí vem Rodolfo, converse com ele, talvez possa levá-la. Rodolfo, venha cá, Ana necessita ir à vila, você não quer levá-la?

— Bom dia – disse Rodolfo, sorrindo, cumprimentando Ana. — Agora é totalmente impossível. sr. Raimundo já me pediu para levá-lo às plantações.

— E à noite? – indagou Michel.

— À noite posso, mas resta saber se Ana quererá ir à vila à noite.

— Queria ir à casa do dr. Bernardo – comentou Ana.

— Neste caso – propôs Rodolfo –, pergunte ao Cirilo se o doutor está na casa dele. Cirilo e dona Eleonora sabem sempre onde ele está, assim não perderá a viagem. Se quiser ir, é só ordenar.

— Não ordeno nada, também sou empregada.

— Vendo o sr. Raimundo por aqui, poderia até dizer que ele veio atrás de um rabo-de-saia – rebateu Rodolfo, ironicamente. — Este rabo-de-saia poderia ser você, veio de uma cidade grande e...

— Veja bem como fala! – exclamou Ana, zangada. — Se vim aqui foi para trabalhar, porque arrumei um emprego que não consegui onde morava. Se aqui estou sozinha é porque estaria em qualquer lugar. Tenho um irmão que mora longe, meus pais são separados e levam vida de solteiros sem se interessar por mim. Sou honesta e direita. E nunca daria confiança a este sr. Raimundo que me é muito antipático. Ele deve ter vindo porque Cirilo está muito doente e parece que piora.

Ana, à medida que foi falando, foi abaixando o tom de voz e acabou, mesmo sem querer, chorando. Michel a abraçou carinhoso e olhou feio para Rodolfo.

— Desculpe-me, Ana – corrigiu Rodolfo. — Não queria ofendê-la. Levo você à vila com prazer, se resolver ir, estarei esperando-a.

Rodolfo saiu e Michel, acariciando os cabelos de Ana, consolou-a dizendo:

— Não ligue para ele, acho que Rodolfo está com ciúmes de você. Ana, cuidado com o sr. Raimundo, ele é terrível. Papai já escondeu Eliane em casa e ela vai logo mais a cavalo para a casa de meu tio José, na cidade, e ficará lá até ele ir embora. Na outra vez que o sr. Raimundo esteve aqui, ele olhou muito para minha irmã e um dia correu atrás dela no pátio. Ele atenta a todos aqui. Se ele vem com amigos, nos dá mais sossego, a nós empregados, porém atenta muito mais a dona Eleonora. Você, minha amiga, é muito bonita, deverá chamar a atenção dele. Tranque a porta do seu quarto e não abra sem certificar-se quem bate.

— Vou trancá-la – prometeu Ana, assustada. — Sr. Raimundo costuma ficar muito tempo aqui?

— Não, ainda bem que ele não gosta daqui. Certamente ele está sem dinheiro. Como dizia meu pai, ele vem aqui só para tirar dinheiro de dona Eleonora. Já vendeu quadros e jóias da família, ele pega e vende, isto é, rouba a parte de nossa patroa.

— Que peste! Coitado de Cirilo, não merecia ter um pai assim.

— Coitado! – concordou Michel.

Ana voltou para o quarto, no horário desceu para o almoço e depois foi dar aula para Michel. Após subiu ao quarto de Cirilo, pensando que o garoto estivesse sozinho. Encontrou Cirilo animado, sorriu para ela. Estava sentado junto à mesa e brincava com um jogo.

— Veja, Ana, papai trouxe para mim.

— Que bonito! – concordou Ana e logo em seguida perguntou ao garoto: — Ciro, será que o dr. Bernardo estará em sua casa hoje?

— Está sim, ele nos falou que não ia sair. Por quê? Eu estou bem, só estou com um pouco de febre, eu...

— Não me apresenta sua linda professora?

Ana se assustou. O sr. Raimundo saiu do banheiro intrometendo-se na conversa com a sua voz desagradável e olhando para ela atrevidamente.

— Esta é Ana Elizabeth, papai.

— Muito prazer – disse o pai do garoto pegando na mão dela. — Encantado! É muito bonita. Como está passando?

— Muito prazer – respondeu Ana, puxando a mão. — Vou bem, obrigada. Se você, Cirilo, está bem, já vou, tenho muito que fazer. Até logo!

Saiu quase que correndo, desceu ao pátio, viu Michel em frente à casa dele e pediu para que ele dissesse a Rodolfo que iriam à vila.

Ana subiu ao seu quarto, recordou o olhar do sr. Raimundo e trancou a porta. Aguardou ansiosa o horário que marcou para ir à casa do dr. Bernardo. Logo após o jantar, desceu e esperou por Rodolfo na garagem. Logo ele chegou. Estava arrumado, barbeado e perfumado. Cumprimentou-a sorrindo. Ana não pôde deixar de compará-lo ao retrato de André que vira na sala dos quadros, nada tinha de parecido. Rodolfo agora mancava e com aquela cicatriz no rosto era feio, enquanto André fora bonito.

"Será que ele seria capaz de me matar novamente? Talvez, se eu o trair. Dr. Bernardo tinha razão quando me aconselhou. No passado eu brinquei com os sentimentos, traí, fui assassinada e não deveria brincar com ninguém mais, deveria respeitar os sentimentos alheios."

— Vamos, Ana – convidou Rodolfo.

Ana sentou-se no banco da frente ao lado dele e foram conversando sobre o lugar e o tempo. A jovem professora esqueceu até de suas preocupações. Logo chegaram à casa do dr. Bernardo.

— É aqui, Ana. Ele realmente está em casa, a luz está acesa. Espero-a aqui.

— Por que não entra comigo?

— Está bem, gosto muito deste velho médico – disse Rodolfo, sorrindo.

Desceram, bateram na porta. dr. Bernardo a abriu e alegrou-se em vê-los.

— Que prazer recebê-los! Entrem! Como têm passado? O que a trouxe aqui, Ana Elizabeth?

Depois de acomodados, Ana preferiu ir logo ao assunto que a levara ali.

— Dr. Bernardo, o sr. Raimundo chegou hoje à mansão.

— Já soube. Evito ir à mansão quando o sobrinho de Eleonora está lá. Ele é arrogante e por diversas vezes nos desentendemos. O que aconteceu?

— O senhor lembra quando me disse que podemos ver pela psico...

— Psicometria – completou dr. Bernardo.

— É isto – confirmou a moça. — É a leitura de acontecimentos que ficaram registrados em um local ou em um objeto. Logo que cheguei à mansão, entrei na estrebaria e vi o fogo e o crime. A visão deles me fez sentir mal.

— Ainda bem que não foi por minha causa – disse Rodolfo, rindo. — Cheguei a pensar que inventou tudo aquilo.

Ana sorriu para ele de modo carinhoso e ele chegou mais perto dela no sofá.

— Vi realmente – continuou Ana — dois homens discutindo, o mais moço matou o mais velho e correu. Vi tão bem que reconheceria o rosto do criminoso e reconheci.

— Quê?! – espantou-se Rodolfo.

— Hoje cedo, quando ouvi barulho de carro, pensei que fosse o senhor e corri para cumprimentá-lo. Ao chegar à escada vi o sr. Raimundo. É ele o criminoso da estrebaria. O susto foi tão grande que desmaiei.

Dr. Bernardo não se alterou, tranqüilo estava e continuou como se não estivesse escutando nada de importante. Rodolfo, observando o médico, indagou:

— O senhor não diz nada? Não escutou o que Ana afirmou?

— Estou ouvindo com atenção, Rodolfo – respondeu o médico. — Já desconfiava. Eu na ocasião examinei o corpo de Eurico, vi o ferimento no seu peito, embora o corpo estivesse bem queimado. Eleonora me contou que tirou a faca do peito do irmão no momento de desespero, quando o viu morto. Ela me disse que ele se suicidara e me pediu ajuda para evitar o escândalo. Todos sabíamos que Eurico bebia muito e que naquele dia ele estava bêbado. Sempre me foi difícil negar algo a Eleonora. Achei mesmo que, se fosse suicídio, com meu silêncio não estaria prejudicando ninguém. Mas, com o tempo, raciocinando melhor, percebi que Raimundo era o único herdeiro e ele e o pai sempre brigaram muito. Eurico bebia muito, estava querendo na ocasião casar de novo e não queria dar dinheiro ao filho. Se Eurico queria casar e dizia estar feliz, não havia motivo para se suicidar. Depois de anos, conversei com o espírito de Eurico e ele me afirmou que não era suicida. Agora está tudo explicado.

— Que faremos? – indagou Rodolfo.

— Nada – respondeu o médico.

Nada! – repetiram os dois jovens juntos.

— A psicometria – explicou dr. Bernardo — não é prova para a justiça dos homens. Isto aconteceu há muito tempo e você, Ana, estava longe daqui. Seu relato para a justiça nada vale e só receberia ironias. Eleonora, certamente, negaria que tirou a faca. Ela acredita realmente que o irmão se suicidou. Não temos como provar nada contra Raimundo, espero que ele vá embora logo.

— Hoje encontrei-o no quarto de Cirilo, é deveras nojento – disse Ana.

— Ele foi rude com você? – indagou Rodolfo.

— Pelo contrário, tentou ser agradável demais.

— Muito pior – falou dr. Bernardo. – Ana, Raimundo é uma pessoa sem escrúpulos. Não acredito que tenha vindo ver o filho. Deve estar sem dinheiro e tentará tirá-lo de Eleonora. Para ele qualquer mulher é divertimento, deve tomar cuidado e evitar de ficar com ele a sós.

— João mandou Eliane para a vila. Da outra vez que o sr. Raimundo esteve na mansão deu em cima da menina – confirmou Rodolfo.

— Dr. Bernardo – falou Ana –, é melhor voltarmos à mansão.

— Ana – acrescentou o médico –, leve com você estes livros. Leia-os, irá gostar. É *O Evangelho Segundo o Espiritismo*, onde encontrará explicações fabulosas sobre várias passagens do Evangelho. Este aqui é *O Livro dos Espíritos*, um livro que nos instrui com clareza sobre problemas e que nos leva a compreender nossa existência pelo raciocínio e pela razão. Ambos de Allan Kardec, excelente mestre que codificou a Doutrina Espírita. Este outro é sobre o assunto que já falamos, *Enigmas da Psicometria*, de Ernesto Bozzano, que explica tão bem suas visões e levará ao lê-lo a entender o que se passou e passa com você.

O casal se despediu, agradecendo. Entraram no carro e por momentos ficaram em silêncio.

— É incrível um crime ficar sem punição! – exclamou Rodolfo.

Ana pensou: "No passado não foi o mesmo Rodolfo, como André, que assassinou duas esposas e não foi punido na época pelas leis humanas. Mas alguém escaparia de sua própria consciência?" Respondeu a Rodolfo, repetindo o que já ouvira do dr. Bernardo:

— Das leis humanas poderá ficar, mas certamente terá que resgatar um dia seus erros, seja pela dor, se recusar a repará-los pelo amor ou no trabalho sincero do bem.

Fez uma pausa e continuou:

— Você se revolta por ser como é?

— Às vezes me revolto – admitiu o moço. — Sou feio e defeituoso. Você me acha horripilante?

— Sabe que não – afirmou Ana com sinceridade. — Você me agrada, sabe disto.

— Você me amaria?

— Sim.

— Sinto que fala a verdade. Porém acho que um dia iria me trair. Quando o sr. Raimundo chegou, senti ciúme. Depois, analisando bem, notei que não era ciúme, temi por você. Não quero que algo de mal lhe aconteça. Ana, tenho-lhe amizade. Gostaria que fôssemos somente amigos, nada mais do que isto. Não a amo e acho que nem você a mim. Talvez por algum motivo estejamos sentindo atração um pelo outro. Pensei nisto e acho que talvez este velho médico e amigo nosso tenha razão. Existe a reencarnação, é por isto que sentimos a necessidade de nos querer bem para fazermos as pazes. E, se for por isto, a amizade é o melhor sentimento. E então, amigos?

Rodolfo falou tranqüilamente. Ana sentiu-se um pouco desiludida, preferia que o moço lhe falasse de amor. Mas compreendeu que ele tinha razão. Ela, conhecendo o laço que tiveram no passado, compreendeu que de novo teve a graça de reconciliar-se com mais um desafeto. Respondeu feliz:

— Amigos, Rodolfo, amigos para sempre.

Ana pensou que a bondade de Deus era grande por nos dar esquecimento num outro corpo. Rodolfo outrora foi bonito, rico, mas traído e assassino, agora, pobre, feio e bom. Se ele soubesse de tudo, iria conseguir progredir? A amargura e o remorso não o impediriam?

Chegando, Rodolfo perguntou a Ana:

— Você trancou seu quarto?

— Não.

— Deveria ter trancado e deve fazê-lo agora sempre que se ausentar dele. Sr. Raimundo pode entrar e esperar por você lá. Subirei com você e olharemos tudo para nos certificarmos que não há ninguém.

Subiram devagar sem fazer barulho, Rodolfo olhou por todos os cantos do quarto, estava tudo em ordem.

— Ana, lembre-se de não abrir a porta sem se certificar com certeza de quem está a bater. Boa noite!

— Boa noite, Rodolfo. Obrigada!

Ana trancou a porta assim que Rodolfo saiu, deitou-se e logo adormeceu. Acordou assustada, alguém batia na porta. Sentou-se na cama, seu coração disparou, viu a maçaneta da porta girar tentando abrir. Logo ouviu a voz pastosa.

— Ana Elizabeth, necessito falar com você. Queira abrir a porta, por favor.

Ela não conseguiu responder e após uns instantes ele falou novamente.

— Ana Elizabeth, você está acordada, meu anjo? Abra, por favor, preciso lhe pedir um favor.

Ana esforçou-se e conseguiu levantar, chegou perto da porta, viu que esta era reforçada, o que a aliviou, mas tremia de medo. Respondeu, falando de forma compassada e firme:

— Sr. Raimundo, agora não é hora para conversarmos, amanhã durante a aula do Cirilo o senhor conversa comigo ou, então, na frente de dona Eleonora. Boa noite!

— Não seja indelicada, necessito lhe falar – insistiu ele.

Ana teve vontade de gritar e chamá-lo de assassino, porém lembrou-se dos conselhos de dr. Bernardo, que não deveria acusar sem provas. Respondeu, tentando não demonstrar que estava com medo:

— Sr. Raimundo, qualquer coisa que me peça, negarei. Se for algo sobre Cirilo, é melhor o senhor falar com dona Eleonora. Eu nada tenho a conversar, principalmente a esta hora da noite. Se continuar insistindo, gritarei, abrirei a janela e chamarei pelos empregados. Boa noite, sr. Raimundo!

— Você é uma simples empregada, pago-a com o meu dinheiro – respondeu ele, de modo rude.

— Sou empregada de dona Eleonora. Recebo meu ordenado de modo honesto e por serviços prestados. Está perdendo tempo querendo me conquistar. O senhor não me interessa. Quero avisá-lo que não tenho medo do senhor e que gostaria de ser respeitada, senão me queixarei a dona Eleonora.

Garota petulante, como ousa pensar que me interesso por você, não costumo me rebaixar tanto.

Ana ouviu os passos afastando-se, suspirou aliviada, mas estava nervosa e resmungou:

"Criminoso! Assassino do seu próprio pai!"

Como não conseguiu dormir, pegou os livros que dr. Bernardo lhe emprestou e começou a ler. Interessou-se logo pela leitura e foi se acalmando. Ler lhe fez bem. Lia uma questão e meditava encantada com a simplicidade e sabedoria nela contida. Sentia que já conhecia os ensinamentos daqueles livros. Eram questões profundas, mas as entendia perfeitamente, levando a amar a Deus e entender muito bem sua justiça. Ficou lendo por horas, voltou a dormir de madrugada, totalmente calma e relaxada.

Capítulo 11

Mais um Crime

Ana não viu Raimundo por dois dias. Sônia lhe dissera que ela também corria dele, porque ele já lhe dissera palavras grosseiras e que dona Eleonora e o sobrinho estavam discutindo muito.

Naquela noite, enquanto jantava, Ana escutou os dois discutindo na outra sala. Raimundo queria vender as terras que circundavam a mansão ou parte delas. dona Eleonora não queria comprar, afirmava não ter dinheiro e não queria vender a terceiros. Dizia a senhora, exaltada, que o sobrinho acabaria com tudo em pouco tempo. Raimundo, por sua vez, também exaltado, retrucava que não tinha dinheiro, que iria ficar na mansão até arrumá-lo e que convidaria seus amigos para hospedarem-se ali. Dona Eleonora lembrava ao sobrinho do menino enfermo e a resposta gelou Ana.

"O garoto! Não sei por que é tão enfermiço. Há tempo está assim, doente, e não irá piorar por minha causa ou pelos meus amigos. O que importa é que eu estou sadio."

Ana ficou revoltada com a frieza do pai de Cirilo. Teve vontade de ir conversar com Rodolfo, mas teve medo, não saía do quarto mais à noite. Tinha receio de andar pela mansão, acabou o jantar e foi para seu quarto trancando a porta. Da janela ficou uns tempos olhando o pátio, não viu ninguém. Pegou os livros que o dr. Bernardo lhe emprestara e ficou lendo. Estava amando os livros, a leitura esclarecia muito suas dúvidas. A lei da Reencarnação era ao seu entender muito justa. Deus era realmente Pai misericordioso dando outras oportunidades aos seus filhos, permitindo que voltássemos em outro corpo para reparar nossos erros, para nos reconciliarmos e para aprender a amá-Lo.

No outro dia, foi dar aula a Cirilo pela manhã. Encontrou-o desanimado, tossia e se cansava com facilidade. O garoto estava triste e pensativo.

O dia estava cinzento, ameaçando chover e esfriara bastante. Dias assim deixavam Ana inquieta, tudo lhe parecia triste. Sentia-se aborrecida e parecia que algo ruim ia acontecer. Isto a deixava nervosa.

— Ana – disse Cirilo, — estou cansado e não estou com vontade de estudar. Devo ir logo para um hospital especializado na Europa, porém não tenho vontade de ir, mesmo sabendo que é para minha melhora. Gostaria de morrer aqui e ser enterrado no cemitério da vila junto com meus familiares. Ana, você acha que encontrarei, ao morrer, com minha mãe? Ela era tão linda e meiga. Estou com saudades dela, se fosse viva iria ficar sempre comigo.

— Não fale em morrer, você irá sarar, tenha paciência. Mas, se morrer eu acho que encontrará sua mãe. O amor une e sempre ficamos perto dos que amamos. Ciro, você se encontrará com sua mãe um dia, embora eu ache que irá demorar. Todos nós morremos ou desencarnamos, como dr. Bernardo fala.

— Não sei se irei demorar muito entre os encarnados. Você sabe o que eu tenho?

Cirilo perguntou olhando nos olhos de sua mestra e ela não teve como mentir, afirmou com a cabeça.

— Obrigado, amiga, obrigado por não me temer. Você é boa. Por favor, leia a lição para mim.

Cirilo levantou-se da cadeira, dirigiu-se para seu leito e se acomodou. Ana sentou-se na poltrona ao lado da cama do menino e começou a ler, de repente se viu longe dali. Parou de ler. Cirilo ficou quieto ao ver que a moça silenciara. Não se importou, achou que ela estava descansando um pouquinho. Mas alguns minutos passaram e Cirilo a observou, viu que ela encostou a cabeça na cadeira, deixou o livro cair no colo e que estava pálida. Pensou: "Estará dormindo? Talvez não tivesse dormido bem à noite. Estudar dá sempre sono". Esperou mais uns minutos, como Ana não se mexia, levantou-se do leito e colocou a mão em seu braço. Ana estava fria. Chamou-a repetidas vezes e, por fim, correu ao quarto da sua tia que veio rápida.

Esfregou álcool em suas têmporas e deu sais para cheirar. Ela começou a acordar gemendo.

Mas... Ana, ao começar a ler a lição, viu tudo rodar, sentiu que estava em outro lugar a alguns metros de altura do chão. Focalizou sua atenção em dois cavaleiros.[1] Logo percebeu que eram o sr. Raimundo e Rodolfo, estavam na plantação e conversavam. Escutou-os sem poder interferir, sem poder fazer nada.

"O senhor" – disse Rodolfo, compassadamente – "não tem o direito de querer conquistar moças direitas que trabalham aqui, não é justo."

"Ora" – respondeu Raimundo, com um sorriso cínico. "Você não deve se referir a mim deste modo. É meu empregado! O que há? Está com ciúmes ou com inveja? Sou charmoso, rico e as mulheres me querem sempre. Algumas se esquivam para se tornar mais atrativas, mas acabam nas minhas mãos. Sei como conquistá-las. Com você deve ser diferente. É feio, aleijado e mulher com juízo não deve olhar para você."

"Se estou assim" – disse Rodolfo, exaltado – "foi por tentar salvar seu pai e os animais da estrebaria no dia do incêndio. Aliás, o senhor estava por ali naquele dia. Onde estava que não tentou salvar seu pai?"

"Nem me lembro. Depois estes atos heróicos e idiotas são para empregadinhos como você. Aleijado! E não me fale assim, proíbo-o! Veio me acompanhar para que eu possa ver as terras e avaliá-las. Quero vendê-las! Você tem que me obedecer, aqui mando eu."

"Não sou seu escravo. Sr. Raimundo, lembro-lhe que quem paga os empregados é dona Eleonora e com o dinheiro dela."

"É ela quem mora na mansão" – respondeu Raimundo, irritado.

"E trata do seu filho enfermo."

"Não me levante a voz, senão..."

"Senão, o quê?" – indagou Rodolfo, desafiando-o. "Irá me matar como matou seu pai? Matou-o com uma facada e fugiu sem ao menos tentar salvar os cavalos."

---

[1] Ana, como clarividente, em transe, viu os acontecimentos a distância.- N.A.E.

"Você está louco!" – assustou-se Raimundo.

Ambos se calaram. Raimundo, encabulado, ficou pensando e Ana entendeu o que passou pela mente dele: "Rodolfo" – concluiu Raimundo – "deveria ter visto ele e o pai discutindo na estrebaria. Ele dissera, na ocasião, que entrou quando o fogo começou, mas poderia ter sido antes e tê-los visto. Rodolfo era seu inimigo, se resolvesse falar, estaria perdido. Matou a esposa, o pai e agora necessitava desfazer-se daquela testemunha". O local onde estavam lhe parecia propício, desciam uma pequena encosta com muitas pedras. Rodolfo ia na frente. Raimundo então pegou seu chicote e o virou. O chicote era de cabo de madeira trabalhada, uma peça forte e resistente. Mirou o cabo na cabeça de Rodolfo e o golpeou com muita força. Rodolfo desmaiou, caiu sobre o cavalo deixando as rédeas soltas. Raimundo chicoteou o cavalo de Rodolfo que desceu a encosta disparado. Viu friamente Rodolfo cair do cavalo ficando com o pé preso no estribo e sendo puxado pelo animal. Aí, Raimundo olhou para todos os lados e suspirou tranqüilo, não vira ninguém. Como se nada houvesse acontecido, mudou de rumo, assobiando.

— Você está bem, Ana Elizabeth? – indagou a dona da casa, preocupada.

Ana voltou a si e viu que dona Eleonora e Cirilo a olhavam ansiosos. Lembrou da aula, da leitura e se assustou sem saber o que responder, afirmando com a cabeça.

— Vá para seu quarto – aconselhou dona Eleonora. — Vá descansar. Cirilo não se importará se ficar sem aula hoje.

Ajudou-a a se levantar.

— Venha – propôs dona Eleonora, gentil –, acompanho-a. Darei um calmante a você.

Cirilo despediu-se dela mandando um beijo com a mão. No corredor, dona Eleonora disse à jovem professora:

— Espere aqui.

Entrou no seu quarto e lhe trouxe um comprimido.

— Tome e descanse. Você necessita consultar um médico sem demora, teve dois desmaios seguidos. Até logo!

Ana entrou no quarto e fechou a porta. Ainda se sentia tonta, desceu a escada com cuidado mas desistiu de continuar;

voltou para o seu quarto, tomou o comprimido e deitou. Estava confusa e não conseguia pensar direito, cochilou. Acordou assustada com gritos. Deu um pulo da cama, abriu a janela e viu no pátio Sônia, João e Michel que gritava desesperado.

— Rodolfo! Rodolfo!

— Meu Deus! – exclamou Ana. – Rodolfo!

Ouviu João dizer:

— Está morto!

Ana sentiu tudo rodar, afastou-se da janela, deixou-se cair na cama, não viu mais nada.

Acordou com Sônia entrando no quarto e fechando a janela. Sentia muito frio. Olhou para ela e viu que Sônia estava com os olhos vermelhos de chorar.

— Ana, você está bem? – perguntou Sônia, olhando-a. — Dr. Bernardo pediu para que viesse vê-la. Que faz com a janela aberta? Hoje está frio e venta muito.

A moça não respondeu. Sônia aquietou-se por uns instantes e depois continuou a falar:

— Já sei, você escutou os gritos e abriu a janela para ver o que acontecia. Triste não? Michel gritou tanto que dr. Bernardo teve que lhe dar um calmante.

— Está morto? – perguntou Ana, com voz trêmula.

— Sim, está. Ninguém sabe o que aconteceu, ele montava tão bem. Rodolfo saiu cedo com o sr. Raimundo. Nas plantações, o sr. Raimundo disse que se separaram porque ele foi visitar o sr. Ronaldo, nosso vizinho. E que Rodolfo estava bem e ia voltar à mansão. Ninguém sabe o que aconteceu.

— Assassino! – acusou Ana baixo, com tom rancoroso.

— Quê? O que você disse? – indagou Sônia e nem esperou pela resposta continuando a falar: – Todos estamos indignados e tristes. O sr. Raimundo retornou à mansão às treze horas e Rodolfo nada de chegar. dona Eleonora mandou uns empregados atrás dele e o acharam caído perto do cavalo. O animal o arrastou por um bom pedaço, ele ficou todo machucado e com o rosto mais feio ainda. dr. Bernardo mandou que fechassem o caixão e dona Eleonora quer dar a ele um bom enterro. Foi levado para a vila, está no velório do cemitério.

— Oh! – Ana chorou sentida.

Sônia a abraçou e falou confortando-a:

— Não fique assim. Acidentes acontecem, o cavalo por algum motivo o derrubou, o pé de Rodolfo ficou preso e...

— Posso entrar? – perguntou dr. Bernardo, na porta do quarto.

— Entre, doutor – respondeu Sônia.

— Você está bem, Ana? – indagou o médico e olhando para Sônia disse: — Eleonora está chamando você.

— Obrigada, já vou. Até logo!

Sônia saiu, dr. Bernardo fechou a porta, foi para perto de Ana, pôs-se a examiná-la, mediu sua pressão.

— Eleonora me contou que você desmaiou e que lhe deu um calmante – comentou o médico. — Está com sono?

Ana sentia-se fraca, pesada e sonolenta, afirmou com a cabeça.

— Então, dorme, filha. Nada tem a fazer. Rodolfo morreu e você deve descansar.

— Eu vi! – exclamou a jovem, chorando. — Eu vi, dr. Bernardo. O sr. Raimundo matou Rodolfo porque ele o acusou.

— Calma, Ana! Conte-me tudo. Que aconteceu?

Ela contou tudo.

— Filha, você se desprendeu do corpo físico, seu espírito deixou a matéria, ficando preso a ele por um cordão. Você foi onde estava Rodolfo e os viu, sem poder interferir nos acontecimentos. Infelizmente – suspirou o médico – sua visão não é prova. Não deve falar disto a ninguém. Me promete? Se falar correrá risco de vida. Eu disse a Rodolfo para não falar a ninguém o que ouviu de você.

— Culpa minha! Rodolfo foi morrer logo agora que fizemos as pazes.

— Ninguém é culpado, a não ser Raimundo. Preocupo-me, se matou dois, poderá matar três.

— Ele também matou a esposa – falou Ana, apressada. – Ouvi seus pensamentos.

— Esquece tudo isto, Ana, pedirei a Eleonora para lhe pagar e poderá ir embora daqui. Não lamente, repito que não teve culpa. Foi muito bom você ter feito as pazes com Rodolfo, ele desencarnou reconciliado com você. Rodolfo, anteriormente André, que assassinou duas esposas e agora foi assassinado. Vamos orar por ele, para que perdoe e possa ser auxiliado.

Dr. Bernardo ajeitou os cobertores da cama de Ana, sorriu-lhe com carinho, enquanto ela se esforçava para não fechar os olhos.

— Durma, filha, descanse, o remédio que Eleonora lhe deu é forte. Dormindo se sentirá melhor. Vou trancar seu quarto e ficarei com a chave. Irei ver Cirilo e voltarei. Durma tranqüila!

Ana ensaiou um sorriso, viu dr. Bernardo sair e trancar a porta, tentou relaxar e adormeceu. Dormiu algumas horas, acordou e sentiu-se péssima. As lembranças vieram-lhe à mente, teve vontade de chorar. A desencarnação de Rodolfo a afetou muito, sentia-se muito triste. Esforçou-se, levantou-se e tomou um banho. Estava penteando os cabelos quando ouviu a porta ser destrancada e alguém bater de leve.

— Ana Elizabeth! – chamou dr. Bernardo.

— Entre, doutor!

— Você está bem?

— Um pouco. Sou testemunha deste crime horroroso. Rodolfo desencarnou porque falou demais e eu me sinto culpada.

— Já lhe disse para não se sentir assim. Recomendei ao Rodolfo para nada dizer e torno a dizer a você: Raimundo matou três e pode matar mais um, você. Amanhã pela manhã será o enterro de Rodolfo, Eleonora já acertou tudo. Vou falar com ela para liberá-la, pagar seu salário e assim poderá ir embora. O pequeno Cirilo piorou muito e sabemos que não irá para hospital nenhum, portanto não necessita aprender outras línguas.

— Dr. Bernardo, estes livros que me emprestou têm-me feito entender tantas coisas. Se não acreditamos em reencarnação, achamos que Deus é injusto. Pela leitura compreendo os fatos que aconteceram aqui.

— Deus é muito justo, Ana. Não foi o Espiritismo que inventou lei nenhuma e nem a reencarnação. A Doutrina Espírita só veio para esclarecer. A reencarnação é de conhecimento de povos antigos. E todas as religiões futuras deverão acreditar na reencarnação. Porque, como você disse, ela é muito justa e misericordiosa. A Doutrina Espírita também dá muito esclarecimento às pessoas sensíveis, porque muitos médiuns podem ser tachados de doentes mentais e internados em hospitais.

— Creio que eu, sem o entendimento da Doutrina Espírita que estou tendo e sem a sua ajuda, iria ficar logo doente, ou ser considerada como tal. Porque, vendo e ouvindo desencarnados, posso ser considerada como louca. Agradeço-lhe, o senhor será de grande valia também para meu futuro. E Michel, como está? Deve estar sentindo muito a desencarnação do seu amigo.

— Michel está inconsolável. Está com o pai no velório.

— Dr. Bernardo, o senhor acha que Cirilo está mesmo mal?

— O problema físico do garoto é grave – confirmou o médico, sério. – Ao saber da desencarnação de Rodolfo não falou mais, está febril e muito triste. Eleonora me contou que, quando entrou no quarto para acudi-la, você logo voltou a si. Estive pensando, será que você não falou o que viu?[(2)]

— Se falei, Ciro sabe que o pai é um assassino. Dr. Bernardo, não tenho mesmo nenhum modo de testemunhar contra ele?

— Não. Quando aconteceu o crime, que todos supõem acidente, você estava na mansão, no quarto de Cirilo. A justiça não lhe dará ouvidos, poderá ser processada por calúnia ou ser tachada de desequilibrada mental. Deixemos Raimundo entregue à justiça Divina, um dia ele terá que colher da plantação que atualmente semeia.

— Todos nós sofremos para reparar nossos erros?

— Não, Ana, como você disse reparar não é só pela dor. Podemos com sinceridade consertar nossos erros pelo trabalho no bem, pela nossa modificação interior para melhor. Temos a oportunidade de acertarmos pelo amor. Quando nos recusamos, aí, sim, vem a dor, para nos alertar e conduzir ao bom caminho.

— Rodolfo! Acho que eu o amava – falou Ana, suspirando.

[(2)] Ana realmente falou o que viu e Cirilo, quando soube da desencarnação de Rodolfo, teve a confirmação do que a moça disse em transe, ficando profundamente abalado, piorando, assim, seu estado de saúde. - N.A.E.

— Será? Acho que você o queria bem. Foi bom o encontro de vocês, entenderam-se. Rodolfo aprendeu muito nesta encarnação e espero que ele não tenha ficado com ódio e tenha perdoado seu assassino. Vou orar muito por ele.

— Quero vê-lo!

— Amanhã, Ana. Vou deixar outro calmante para você tomar à noite. Agora deve alimentar-se. Se precisar de mim, estarei no quarto de Cirilo, dormirei lá esta noite.

— Posso ver Cirilo?

— Claro.

Saíram e foram ao quarto. dona Eleonora estava sentada ao lado do leito do menino. Cirilo não estava bem, respirava ofegante e parecia dormir. Ana assustou-se com a aparência dele. dona Eleonora os cumprimentou, estava nervosa e torcia as mãos.

— Bernardo, Cirilo piorou.

— Calma, Eleonora, confiemos, se quiser removê-lo...

— Não. Por muitas vezes Cirilo me pediu para ficar aqui, depois... Talvez seja melhor ele ficar aqui perto de mim. Como está, Ana Elizabeth? – indagou dona Eleonora.

— Bem – respondeu a jovem professora, desanimada.

Ana ficou ali por uns minutos, orou com fé pelo jovem amigo, depois despediu-se baixinho e desceu para o jantar. Alimentou-se sem vontade, após, foi ao quarto de Cirilo, mas do corredor ouviu a voz de Raimundo conversando com a tia. Estremeceu ao ouvi-lo, agora não só sentia nojo, mas medo também. Não quis vê-lo, voltou ao seu quarto. Tomou o comprimido e deitou-se.

Acordou de madrugada e pensou em todos os acontecimentos que viveu naquela casa: "Dr. Bernardo tinha razão" – concluiu –, "melhor era ir embora. Mas para onde?" Chorou por Rodolfo, por Cirilo e por ela mesma.

Levantou-se cedo e foi à cozinha onde tomou o café. Todos estavam tristes com a desencarnação de Rodolfo, ele era querido. Às oito horas, dona Eleonora e os empregados foram de carro e de charrete para a vila, para o enterro de Rodolfo. Ficaram somente Elizete e dr. Bernardo fazendo companhia ao Cirilo. Raimundo também não foi e Sônia disse a Ana que ele ficara dormindo. Ana foi de carro junto com dona Eleonora. Ninguém conversava no trajeto, estavam todos entristecidos.

Quando chegaram, Michel, ao ver Ana, correu, abraçou-a e disse chorando:

— Ana, nosso amigo está morto!

Michel passou a noite ali, não se afastou por nada. Além do pessoal da fazenda, da mansão, alguns moradores da vila também vieram para o funeral. Assim o corpo de Rodolfo desceu ao túmulo às onze horas. Ana não conseguiu chorar, sentia-se muito triste, cansada e deprimida. Voltaram todos à mansão. Quando chegaram, Michel ficou conversando com Ana no jardim.

— Aqui não vai ser a mesma coisa sem meu amigo – queixou-se o menino. — Quem irá cuidar dos cavalos? Ele fazia este trabalho com muito amor. dona Eleonora pediu para papai fazer o trabalho de Rodolfo por uns dias, ela disse que venderá os cavalos. Sinto vontade de ir embora daqui.

— Ana! Michel! – Sônia os chamou da varanda. — Cirilo está muito mal. Temo por sua vida. Venho do quarto dele, que tristeza! Parece morto!

Ana e Michel despediram-se. Ana pressentiu que algo triste iria acontecer novamente. Temeu pelo seu aluno e subiu ao quarto dele.

Capítulo 12

Deixando a Mansão

A porta do quarto estava aberta e Ana entrou. dona Eleonora chorava aflita e dr. Bernardo segurava a mão de Cirilo. Ele estava ofegante, respirando com grande dificuldade. Sônia, logo após tê-los avisado, veio para o quarto e ali estava de pé, enrolava o avental sem saber o que fazer. A enfermeira, contratada no dia anterior, estava silenciosa, tranqüila, talvez por ter se acostumado com acontecimentos como este. dr. Bernardo sorriu para ela, balançando a cabeça como a dizer que não havia nada a fazer. A jovem professora aproximou-se e ficou de pé ao lado do médico. Cirilo balbuciou algumas palavras em tom baixo e espaçadamente:

"Mamãe... ir... onde?... Artur... mansão... meu... reviver..."

Ana e o doutor prestaram atenção e compreenderam o que Cirilo quis dizer. Os dois sentiram a presença da mãe ao lado do filho. Isto tranqüilizou a moça, dando-lhe a certeza de que seu aluno ia receber a assistência espiritual na sua desencarnação. Cirilo parou de falar, a respiração tornou-se mais pesada, ergueu um pouco a cabeça e deu um trêmulo sorriso. Recostou a cabeça e sua respiração parou.

Dona Eleonora correu para junto de Cirilo e começou a chorar alto, dr. Bernardo largou a mão do menino e abraçou sua amiga.

— Está morto! – confirmou o médico. — Cirilo desencarnou! Nosso menino deixou a vida encarnada e seu corpo enfermo. Que Deus o proteja!

Ana olhou o corpo sem vida. Cirilo estava tranqüilo, parecia feliz e o sorriso não o abandonou.

Sônia, dona Eleonora e Ana saíram do quarto, ficando dr.

Bernardo e a enfermeira que iriam preparar o corpo para o sepultamento. Sônia amparou dona Eleonora que agora chorava baixo, mas sentida. Pararam no corredor, a senhora entretanto não foi para seu quarto, com rudeza abriu a porta do quarto do sobrinho.

Raimundo estava de robe, sentado numa poltrona com um livro nas mãos, ao ver a tia deixou o livro cair.

— Seu filho morreu. Ouviu? – informou a senhora, exaltada. Ao ouvir isto, ele ficou branco e abaixou a cabeça. dona Eleonora continuou a falar nervosa, depois de uns segundos de completo silêncio:

— Cirilo morreu! Pequena crise sem importância, não é? Morreu!

Ainda chorando, dona Eleonora foi para seu quarto. Ana e Sônia saíram rápidas do corredor. Ana pensou desejando: "Que sofra bastante, sr. Raimundo. Que sofra!" Mas, depois concluiu: "Se ele sempre abandonou o filho, matou a mãe dele, sabendo-o doente em estado grave e não se importou, não vai sofrer".

Cirilo foi velado no velório do cemitério da vila, o mesmo em que Rodolfo ficou. Todos foram ao velório, Raimundo ficou lá o tempo todo, sentado de cabeça baixa. O enterro foi no outro dia cedo.

Quando vieram do enterro, dona Eleonora marcou uma reunião com todos os empregados no salão da frente da mansão às quatorze horas. Ana veio a saber que todos os empregados da propriedade eram de muitos anos, só ela era recente. Mas, como também foi convidada, lá estava junto com todos no horário marcado. Pontual, dona Eleonora chegou com dr. Bernardo e dra. Janice e em seguida começou a falar compassadamente:

— Amigos! Empregados meus de tanto tempo são meus amigos. Quero comunicar-lhes que resolvi vender a propriedade.

Raimundo, que certamente não sabia da decisão da tia, ao ver realizado seu desejo, suspirou alto. Mas ignorando o sobrinho, a senhora continuou:

— A dra. Janice aqui presente tratará de todo o processo da venda. Temos três interessados e esperamos vender rápido. Meu sobrinho poderá viajar e, logo que possível, Janice entrará em contato com você. Agora, Raimundo, por favor, queira nos dar licença. Gostaria de conversar com meus empregados.

— Oh, sim tia! Partirei em seguida, logo que a camareira arrumar minhas malas.

— Não existem mais empregados nesta mansão, Raimundo – acrescentou dona Eleonora, com firmeza. — Esta reunião é para despedi-los. Terá que se ajeitar sozinho.

— Sim, certamente. Até logo! – disse Raimundo, saindo. Ninguém respondeu o cumprimento. dona Eleonora relaxou um pouco e voltou a falar:

— Meus amigos, esta propriedade é minha e do meu sobrinho. Vocês sabem bem que é impossível continuar com esta sociedade. Não disponho de recursos para comprar a parte dele. Sabem que tenho duas filhas e que nenhuma delas virá para cá. Assim sendo, resolvi vender e ir morar com minha filha Paula, no convento. Guardarei deste dinheiro uma pequena renda que dará para meu sustento, o resto farei doação para meus netos. Mas vocês não foram esquecidos. Dra. Janice efetuará a compra de uma casa para cada família na vila. Será um modo de retribuir a dedicação e o carinho de vocês. Sei que há na vila um grupo de casas recém-construídas, todas iguais, que o proprietário colocou à venda, vamos negociar estas casas para vocês. Venderei as peças mais antigas e valiosas separadamente, o resto ficará na mansão. Quero dar a Sônia e Eliane, que vão casar, peças de roupas para seus enxovais, podem pegar o que quiserem.

Fez uma pausa, suspirou, para continuar tranqüilamente:

— Sinto por Rodolfo não estar aqui. Mas para o pequeno Michel quero dar o cavalo Ventania, o preferido de Rodolfo. Quero que continuem a me servir até que a venda seja realizada e certamente terão as melhores referências junto ao novo proprietário, que irá querê-los, com certeza, trabalhando aqui.

Todos agradeceram à nobre senhora. Ela fora muito justa e bondosa. dona Eleonora olhou para Ana como se a visse só naquele momento e falou, levando todos a se calarem para escutá-la.

— Ana Elizabeth! A curiosa excursionista da mansão! A descobridora da passagem secreta! Terá seu ordenado total e uma gratificação que faço questão de lhe dar e que certamente lhe será útil até que arrume novo trabalho.

Ana corou, dr. Bernardo sorriu, olhou-a, dando-lhe confiança e ela acabou por desencabular. dona Eleonora sorriu, olhou para o velho amigo e continuou:

— Para meu amigo Bernardo, deixo meu carro. Não aceito recusa sem me ofender. O seu carro está velho e o deixará qualquer dia na estrada sem conseguir atender um dos seus doentes. E você, Janice, fique à vontade com quantos livros quiser da biblioteca. Até mesmo, é claro, o que ensina Latim.

— Verdade?! – exclamou dra. Janice, feliz. — Obrigada, dona Eleonora, muito obrigada!

Todos sorriram ao ver a sempre séria doutora, agora muito alegre e esfregando as mãos de contentamento.

— Agora – finalizou a agradável senhora – irei descansar.

Saiu acompanhada pelo médico amigo. E todos se puseram a comentar a bondade da patroa de tantos anos. Ana decidiu que ia partir logo, talvez já no dia seguinte. Ao pensar que ia separar-se de Michel, seus olhos umedeceram. Mas, pensou que não deixava de ter culpa por Michel, antes Luiz, ser agora um simples empregado. Porém, colocando em prática o que leu, concluiu: "Ele aprende e certamente aproveitará bem esta encarnação".

Saiu da sala e dirigiu-se ao seu quarto. Na sala da escultura encontrou-se com Raimundo. Ele estava contente e quando a viu ficou sério. Carregava duas malas. Quando Ana escutou o barulho de carro partindo, suspirou aliviada e todos ali também sentiram o mesmo.

"Vai embora assassino!" – pensou Ana. "Foge do local do crime, porém não poderá fugir de si mesmo."

A jovem professora continuou na sala e, quando pensou em subir e ir para seu quarto, escutou:

— Ana Elizabeth!

Dra. Janice a chamou e, com um gesto, convidou-a a ir ao escritório. Acomodadas, a doutora disse, entregando-lhe um envelope:

— Aqui está seu ordenado e também o endereço de um ótimo pensionato para jovens. Conheço a proprietária e lhe escrevi recomendando-a. E esta é uma carta de recomendação assinada pela dona Eleonora e por mim a um colégio. Tenho certeza que darão emprego a uma professora competente como você. dona Eleonora tem muita amizade com a diretora deste estabelecimento de ensino. Se você quiser, é quase certa sua colocação.

— Puxa! dona Eleonora é bondosa mesmo! Nem sei como agradecer a vocês.

— Fiz somente o que ela mandou, mas acho estas medidas justas. Não cumpriu o tempo do contrato, mas não foi por sua culpa.

Ana despediu-se da doutora e ia para seu quarto quando encontrou com Sônia.

— Isto é para você. Chegou hoje.

Eram três cartas. Ana as pegou, agradecendo, e foi para seu quarto onde as abriu. Uma era de seu irmão, a outra de seu pai lhe dando a notícia que mudara de emprego e que agora ia viajar por todo o país. A mãe escrevera na outra carta que estava apaixonada e que certamente ia morar com seu novo amor.

Ela as fechou e guardou, não ia responder naquele momento. Quando se mudasse comunicaria ao irmão e iria pessoalmente dar notícias aos pais.

Algum tempo depois viu um caminhão parado no pátio e dele desceu um trabalhador da funerária com uma urna. Ana desceu, foi à biblioteca e viu que a passagem estava aberta e dois empregados ali estavam segurando cordas. Um deles explicou para ela:

— Dr. Bernardo com dois empregados desceram pelo labirinto, amarraram as cordas na cintura por precaução.

A moça ficou ali por alguns minutos aguardando ansiosa que os três saíssem daquele lugar secreto. Logo dr. Bernardo com os outros dois saíram trazendo a urna fechada. O médico sorriu ao vê-la e comentou:

— Todas as portas lá embaixo foram abertas e só encontramos um esqueleto. Vamos sepultá-lo no cemitério da vila no túmulo da família. Esta passagem ficará aberta para que os novos proprietários a conheçam e a tenham como distração.

— Dr. Bernardo – pediu Ana, timidamente –, gostaria de falar com o senhor e me despedir.

— Certamente, logo após meu banho conversaremos. Vá até o meu quarto.

Ana saiu da biblioteca, ao passar pelo corredor escutou dona Eleonora e dra. Janice conversando numa das salas. Lembrou do porta-revistas que achou muito bonito e teve vontade de tê-lo para si. Foi à sala onde estava a peça antiga, pegou-a e voltou para a sala onde as duas estavam. Vencendo a timidez, pediu licença e entrou na sala. As duas interromperam a conversa.

— Desculpe-me, dona Eleonora, se a senhora puder, se...

Ana não sabia como terminar e arrependeu-se de ter entrado na sala.

— Fale, Ana Elizabeth! Em que posso lhe ser útil? – indagou a senhora, delicadamente. — Não está satisfeita? Faltou-lhe algo?

— Não senhora, está tudo certo. Gostaria de lhe agradecer, recebi mais do que o combinado. Estou satisfeita! É que me encantei com este porta-revistas, se a senhora pudesse me vender, se não for muito caro.

— Este? – dona Eleonora pegou-o da mão de Ana. — É uma peça antiga, pertenceu a uma antepassada que não foi muito feliz, Vitória. Vale por ser antiga, mas não como obra de arte. Eu pessoalmente acho-a de muito mau gosto. Dou para você. Ana Elizabeth, você foi corajosa, apesar de ter excursionado por aí com Cirilo. Parece que conhece mais a mansão do que eu. Talvez seja Bernardo quem tem razão. Fique com ele, guarde este porta-revistas como lembrança desta casa.

— Obrigada, senhora, muito obrigada!

Ana sentiu que ficou vermelha, gostaria de dar uma desculpa à senhora pelas excursões que fizera com Cirilo pela mansão. Mas achou que não era necessário, sentia-se desculpada. Pegou novamente a peça e saiu rápido não querendo atrapalhar as duas que muito tinham que trabalhar. No corredor, entendeu pelo que ouviu que as duas repartiam o dinheiro entre os netos de dona Eleonora. Levou a peça para seu quarto e em seguida dirigiu-se aos aposentos de seu velho amigo.

Entrou no quarto do dr. Bernardo e ouviu-o cantando no banheiro. Logo, bem vestido, ele entrou na saleta onde Ana o aguardava.

— Ana, você irá partir logo?

— Amanhã.

— Aqui está o endereço de um grupo de amigos estudiosos da Doutrina Espírita. Se você quiser estudar com eles, será bem-vinda.

— Obrigada – disse, leu o cartão e o guardou no bolso da blusa. — O senhor parece alegre, depois de tudo.

— A morte do corpo não me assusta, a desencarnação deveria ser por todos encarada de forma natural e, se estamos conscientes e preparados, ela nos leva a uma mudança feliz. Cirilo está bem melhor agora junto de sua mãezinha. Esta casa teve acontecimentos tristes, de ódios e erros que levaram ao remorso muitas pessoas. Pela bondade do Pai, voltaram, entenderam-se, afetos foram reatados e isto foi bom. Agora com novos habitantes tudo será renovado.

— Não sente a partida de dona Eleonora?

— Sim, sentirei. Acho, porém, que ela agiu certo. Contei tudo a ela, suas visões, a conversa com o espírito de Alice, os crimes de Raimundo.

— Ela acreditou? Terá acreditado que o sobrinho é um assassino?

— Não sei, Ana. Eleonora escutou quieta, derramou algumas lágrimas, mas, pelas atitudes que tomou, acho que acreditou. Eleonora sempre amou muito Raimundo e dava muito dinheiro a ele, foi este o motivo que a levou a brigar com o genro. Agora nem se ela quiser poderá ajudá-lo. Nunca tive esperança de ficarmos juntos, contento-me em ser seu amigo, trocaremos cartas e nos visitaremos algumas vezes. Estou velho, tenho meus clientes e a vida continua...

— O que aconteceu comigo aqui parece um sonho, dr. Bernardo. Às vezes penso que irei acordar no meu antigo lar e escutar as brigas dos meus pais. Já estou partindo e pela bondade de vocês três tenho onde morar e a certeza de um bom emprego. Como, também, um grupo espírita onde poderei aprender a lidar com minha mediunidade, trabalhar para o bem de muitas pessoas e para o meu.

— Neste grupo, Ana, você será recebida como amiga. Escreverei a eles recomendando-a.

— Dr. Bernardo, aqui estão os três livros que me emprestou.

— Gostaria que você os levasse, aceite-os como presente meu.

— Obrigada! O senhor foi uma das melhores pessoas que já encontrei. Ajudou-me muito.

— Não me agradeça, Ana, imite-me.

Sorriram e depois de uns instantes em silêncio ela indagou:

— Dr. Bernardo, e o sr. Raimundo?

— Aqui nesta mansão vi pessoas resgatarem erros do passado, se reconciliarem, como Cirilo, Rodolfo, Michel e até você, a antiga Vitória. Provando-nos que nada fica escondido, oculto para sempre. Tudo indica que os crimes que Raimundo cometeu não serão punidos pela justiça dos homens. Mas ele caminha para a própria destruição. Raimundo só possuía esta propriedade. Quando receber o dinheiro da venda, gastará em pouco tempo e não terá mais a tia para ajudá-lo ou parentes a quem recorrer. Não sabe fazer nada a não ser gastar, farrear e viver na ociosidade. O ponto triste nesta história é ele. Os outros resgataram, aprenderam, e ele acumulou erros.

Conversaram mais um pouco e o médico ofereceu-se para levá-la à estação no outro dia. Ana aceitou e foi para seu quarto enxugando as lágrimas que teimavam em escorrer pelo rosto.

Foi jantar e escutou a calorosa conversa no salão ao lado. Pensou que logo dona Eleonora seria tão pobre quanto ela. Os três, dr. Bernardo, dra. Janice e a senhora da mansão, pareciam não lembrar da desencarnação de Cirilo, talvez porque era esperada pela doença dele ou porque ele sofrera muito. Recordou de Rodolfo e sentiu saudades. Agradeceu novamente a Deus por ter ficado amiga dele.

Alimentou-se pouco e desceu ao pátio para despedir-se de Michel. Ao ver a estrebaria sentiu uma enorme tristeza. Foi recebida na casa de João com alegria e Michel lhe deu um forte abraço.

— Vim me despedir, Michel, parto amanhã.

— Todos nós partiremos, Ana – disse Eliane. — Dentro de alguns dias iremos morar na vila, graças a Deus.

— Não gosta daqui, Eliane?

— Não sei – respondeu a irmã de Michel. — Vivi aqui nestes anos todos sempre impressionada, achava que alguém iria me matar. Tinha medo, às vezes.

— Até do pobre do Rodolfo – explicou Michel.

— Isto já passou e eu... – falou Eliane, encabulada.

— Já passou mesmo – confirmou Ana.

A jovem professora lembrou que Eliane fora na outra encarnação a primeira esposa de André. Instintivamente tinha medo de ser assassinada e de Rodolfo. Porém, como dr. Bernardo havia lhe explicado, nem todos os medos de encarnados são por motivos assim. São muitas as causas e cada caso deve ser estudado separadamente.

— O importante é que iremos recomeçar – prosseguiu João. — E todo recomeço deve ser com esperança. Ana, dr. Bernardo me arrumou trabalho na vila, irei cuidar de muitos jardins, estou contente.

— Dona Eleonora foi muito generosa – assegurou Eliane. — Todos nós estamos contentes, até Michel.

— Gosto muito daqui, talvez volte quando ficar grande – disse Michel, sério. — Mas, sem meu amigo Rodolfo, não será a mesma coisa. Agora tenho Ventania, o cavalo que dona Eleonora me deu, vou tratar bem dele. Irei correr com ele pelos campos. Ana, sinto por você ir embora. Será que você não arrumaria para lecionar na vila?

— Não, Michel, meu lugar não é aqui, devo partir. Aqui está meu endereço, nos corresponderemos. Está bem?

Conversaram mais um pouco e Ana despediu-se. Ao passar pela entrada da garagem, viu um vulto. Lembrou de Rodolfo, foi ali perto que o viu sonâmbulo. Parou e olhou sem medo. O vulto tomou forma e ela reconheceu seu amigo. Rodolfo estava alegre, o rosto perfeito sem a cicatriz, sorriu para ela e lhe abanou a mão num adeus. Ana sorriu retribuindo o aceno e a figura de Rodolfo foi desaparecendo.

"Adeus, Rodolfo, meu amigo" – pensou a moça, emocionada. "Adeus!"

Teve certeza de que ele estava bem, isto a tranqüilizou e falou alto como sempre:

"Só os criminosos não têm paz! O único digno de dó é o sr. Raimundo."

Sorriu escutando a sua voz. Iria procurar parar com este costume. Com vontade sabia que venceria. Não iria mais falar sozinha.

Dormiu tranqüila. Acordou cedo e arrumou tudo, suas malas e o quarto. Depois do desjejum, Sônia veio ajudá-la com a bagagem. Despediu-se dos trabalhadores da mansão no pátio, até dona Eleonora veio dar seu abraço. Michel abraçou-a comovido e lhe deu um ramalhete de violetas.

— Estão molhadas com minhas lágrimas. Ana, acho que sempre gostei de você. Não irá me esquecer, não é?

— Claro que não. Obrigada, Michel – respondeu a moça, segurando as lágrimas.

Entrou no carro e dr. Bernardo a levou à pequena cidade. Na frente da estação, Ana reconheceu o garoto que lhe disse, no dia em que chegou, que a Mansão da Pedra Torta era assombrada. Olhou-o, sorriu e pensou: "Assombrada! O que mais assombra são os nossos erros". Despediu-se do velho médico com um forte abraço prometendo corresponder-se com ele. Entrou no trem.

Ana Elizabeth sentiu-se feliz, sua vida mudara. Não fazia muito tempo que chegara e já estava partindo. Mas muitas coisas aconteceram, sentia-se agora madura, confiante e segura. Sorriu como se sorrisse para a vida. Estava nos últimos dias do inverno e logo a primavera viria com a esperança de um recomeço, agora tranqüilo e cheio de felicidade.

* * *

Alguns anos mais tarde, Michel voltou à propriedade como administrador. Boa pessoa, trabalhador, foi feliz ali naquelas terras que amava tanto e que os novos proprietários mudaram de nome.

Dr. Bernardo previu bem o que iria acontecer com Raimundo. Em pouco tempo gastou o dinheiro que recebera com a venda da propriedade. Sem dinheiro, com documentos irregulares foi preso num país da Europa, assaltando uma relojoaria a mão armada. Ficou muitos anos na prisão. Desencarnou doente, só e abandonado, sendo enterrado como indigente.

Ana Elizabeth tornou-se uma professora competente no colégio indicado por dona Eleonora. Anos mais tarde casou-se, viveu feliz com o esposo e os filhos que teve. Tornou-se espírita convicta, trabalhando com sua mediunidade e aprendendo muito, porque é com o trabalho que colocamos em prática nossos conhecimentos. Compreendeu a importância da oportunidade que estava tendo de reparar seus erros do passado, com amor no trabalho edificante. Imitou seu benfeitor, o dr. Bernardo, que nunca foi esquecido. E a alegria de servir fez com que se dedicasse a ensinar outros médiuns e freqüentadores das casas espíritas sobre a importância de servir e não mais ser servido, de doar e não ser mendigo de favores espirituais de outros. Ao fazermos o bem, poderemos um dia dizer: “Fiz, construí, aprendi e, quem sabe, tornei-me bom”.

Alegria!

Se você gostou deste livro, o que acha de fazer com que outras pessoas venham a conhecê-lo também? Poderia comentá-lo com aquelas do seu relacionamento, dá-lo de presente a alguém que talvez esteja precisando ou até mesmo emprestá-lo àquele que não tenha condições de o comprar. O importante é a divulgação da boa leitura, principalmente a literatura Espírita. Entre nessa corrente!

Livros de Antônio Carlos

Psicografados pela médium

Vera Lúcia Marinzeck de Carvalho

RECONCILIAÇÃO

Fascinante, comovente e esclarecedora narrativa, um livro que agrada a todos. Sua trama envolvente começa com um duplo assassinato, o pai matando a golpes de faca sua esposa e seu filho. Mas, após todo este drama, o leitor viverá uma profunda lição de amor, solidariedade, abnegação e ternura, num relato maravilhosamente comovente. Você irá se apaixonar por ele!

110.000 exemplares já vendidos!

AQUELES QUE AMAM

Com este romance de Antônio Carlos, vamos viver momentos de grande emoção.
Acompanhamos a trajetória de duas famílias que vêm para o Brasil colônia em busca de uma vida melhor.
Os primeiros contatos com a nova terra, a vida nas fazendas, a luta contra a escravidão, o encontro de velhos inimigos de vidas passadas, tudo permeado com exemplos de amor e dedicação d'Aqueles que Amam.

DEFICIENTE MENTAL

Por que fui um?

Todos nós nos perguntamos por que algumas pessoas nascem normais e outras com deficiência mental ou física. Acaso? Destino? Ou há explicação mais lógica e profunda para isso?
A convite de Antônio Carlos, alguns espíritos que viveram uma encarnação como deficientes mentais vêm nos responder a essas e a outras dúvidas.

O diário de Luizinho

Por meio de atividades e de um personagem que por sua curiosidade e inteligência causa empatia imediata no leitor, *O diário de Luizinho* ensinará à criança a importância da oração, o que é livre-arbítrio e a viver em grupo, entre outras coisas.

Um presente que estimulará desde cedo o gosto pela leitura e o hábito de escrever.

Acompanha o livro um lindo presente: Um minidiário para a criança escrever suas peripécias.

Escreva para nós!

Diga o que você achou do livro que acabou de ler, faça seu comentário, assim você estará nos auxiliando a melhorar cada vez mais.

Obrigado.

CADASTRO DE CENTROS E LIVRARIAS ESPÍRITAS

Amigo leitor, gostaríamos de contar com sua preciosa colaboração no sentido de nos enviar os dados do Centro Espírita que você conhece da sua cidade ou região. A sua colaboração é de grande importância no aprimoramento dos nossos trabalhos. Caso a ficha abaixo não for suficiente, envie os dados em folha à parte.

Nome do Centro ....

End. .... Nº ....

Bairro .... Compl. ....

Cep. .... Cid. .... Est. ....

O Centro tem livraria interna? sim ☐ não ☐

Nome do Centro ....

End. .... Nº ....

Bairro .... Compl. ....

Cep. .... Cid. .... Est. ....

O Centro tem livraria interna? sim ☐ não ☐

Nome do Centro ....

End. .... Nº ....

Bairro .... Compl. ....

Cep. .... Cid. .... Est. ....

O Centro tem livraria interna? sim ☐ não ☐

Nome da Livraria ....

End. .... Nº ....

Bairro .... Compl. ....

Cep. .... Cid. .... Est. ....

Esta livraria está ligada a algum Centro Espírita? sim ☐ não ☐

Poderia informar qual? ....

Desejaria receber um catálogo da Petit? sim ☐ não ☐

Selo

Petit Editora e Distribuidora Ltda.
Rua Atuaí, 383 - V. Esperança/Penha
03646-000 - São Paulo - SP

DOBRA

....

....

....

....

Remetente

DOBRA

Cola